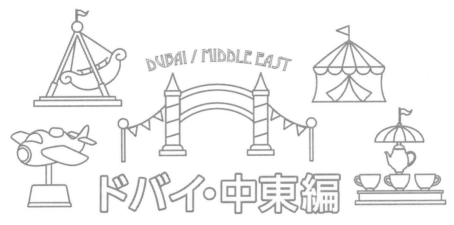

ドバイ・中東編
テーマパーク産業論
改訂版

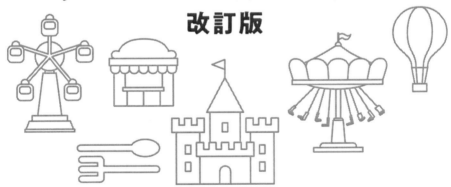

中島 恵

三恵社

目　次

はじめに・・・・・・・・・・・・・・・・・・・・・・・・・・・・・3
序　章　テーマパーク世界ランキングと世界動向・・・・・・・・・・・8
第1章　観光開発の必要性と外国人労働者の劣悪な環境・・・・・・・・19

第Ⅰ部　ドバイ
第2章　ドバイの観光開発・・・・・・・・・・・・・・・・・・・・27
第3章　ドバイのテーマパーク開発・・・・・・・・・・・・・・・・40
番外編　ドバイで詐欺多発・・・・・・・・・・・・・・・・・・・49

第Ⅱ部　アブダビ
第4章　アブダビの観光開発とテーマパーク開発・・・・・・・・・・53
第5章　フェラーリ・ワールド・アブダビ・・・・・・・・・・・・・62
短編1　ルーブル美術館のアブダビ分館・・・・・・・・・・・・・70

第Ⅲ部　他の中東諸国
第6章　サウジアラビアの観光開発とテーマパーク開発・・・・・・・77
第7章　サウジアラビアのアルワリード王子の観光事業・・・・・・・97
第8章　カタールのスポーツ立国と観光立国・・・・・・・・・・・114
短編2　カタールがパリサンジェルマン買収・・・・・・・・・・・125
短編3　カタールW杯の誘致不正疑惑・・・・・・・・・・・・・133
短編4　バーレーン・ディズニーランド計画・・・・・・・・・・・140
短編5　ヨルダンにスタートレックのテーマパーク計画・・・・・・144
短編6　パレスチナで英画家バンクシーのコンセプトホテル・・・・148
短編7　パレスチナ自治区ガザ地区の悲劇のテーマパーク・・・・・154
短編8　レバノンにイスラム武装組織ヒズボラの対イスラエル戦争博物館・・・・157

終　章　無我夢中の開発と経済力の誇示・・・・・・・・・・・・・166

はじめに

　本書では、ドバイを中心に中東のテーマパーク産業を**経営学的**に論じる。さらに経済開発論的、労働経済学的、地政学的な視点もある。本書は『テーマパーク産業論』(2011年出版)の改訂版で、中東地域に焦点を当てている。前書は「日本編」「アジア編」「中国編」「ヨーロッパ編」「アメリカ編」と続いてきた。本書は「アメリカ編」までを読んでいなくても理解できる。本書は各章完結型である。その章だけを読んでも理解できる。

　本書はドバイ以外の観光立国の国としては、アブダビ、サウジアラビア、カタール等を考察する。本書では、広く集客施設、観光施設を対象とし、さらにプロサッカーチーム、美術館、コンセプトホテル等も対象とする。これらの事業は集客施設に客を集め、入場料を取り、飲食や商品販売、ファンクラブ入会などで客単価を上げるビジネスモデルである。これらの事業はテーマパークと類似の性格なので本書の対象とする。

　本書は経営学部や経済学部の観光コースの学生、観光学部の学生、およびテーマパーク業界のみならず観光業界で働く実務家向けである。中東に詳しくなりたい人や中東で事業をしたい人にも向いている。ただし本書は具体的な経営ノウハウではない。財務諸表(貸借対照表、損益計算書、キャッシュフロー計算書等)の分析を行わない。財務諸表を分析し、投資収益率、流動比率、総資本回転率、一株当たり利益率、労働分配率、損益分岐点などを算出することを経営(マネジメント)と考える人が一定数いるが、それは経営分析という会計学の分野である。本書に会計学の視点はない。

テーマパーク産業の社会的意義

　前著「日本編」(2022a)で、日本のテーマパーク産業には大きく2つの社会的意義があると述べた。それは、(1)クールジャパン・コンテンツの二次利用による外国人観光客誘致と外貨獲得、(2)観光開発で地域活性化、特に過疎地や寂れた地域の活性化である。例えば、東京ディズニーランド(TDL)建設以前の浦安市舞浜エリアは公害で汚染された寂れた漁業の街であった。ユニバーサル・スタジオ・ジャパン(USJ)がある大阪市此花区桜島エリアは重厚長大産業の寂れた工場の集積であった。テーマパークが大きく

成功すると観光地、リゾート地として美しくなり、活性化される。その際、SDGs（終章参照）に配慮し環境保全に努める必要がある。

中東諸国でもテーマパーク事業に社会的意義がある。それは、(1)外国人観光客誘致と外貨獲得、(2)観光開発で地域活性化と雇用創出である。

テーマパーク産業を経営学的に研究する意義

経営学研究は自動車、電機、鉄鋼など大規模製造業を中心に発展してきた。これらの産業を研究する人は多く、膨大な研究蓄積がある。日本は製造業立国であったが、物価上昇に伴い海外移転が相次ぎ、産業の空洞化が進んだ。新興国の台頭も著しい。そこで2003年に<u>小泉政権は「観光立国」</u>を掲げ、訪日外国人観光客（インバウンド）を増やすため「ビジット・ジャパン・キャンペーン」を開始した。観光庁によると、訪日外国人数は2003年に521万人、2007年に835万人、東日本大震災の2011年に622万人に落ち込むも回復し、2013年に1036万人と初めて1000万人を超えた。2015年に1974万人、2016年に2404万人、2018年に3119万人、新型コロナウィルス感染拡大前の2019年には3188万人を記録した[1]。東京オリンピックの2020年に4000万人を超える計画であった。

物価の高い日本では製造業立国はほぼ不可能となり、日本政府は観光立国に舵を切った。しかし観光業界を対象とした経営学研究が不足している。経営学の理論は大規模製造業を前提とするものが多い。テーマパーク業界を研究することで観光業界のみならず、サービス業界全般と製造業のサービス部門の経営に活かせるだろう。テーマパーク産業にはベンチマークされる優良企業も優秀な経営者もいる。

本書の構成

本書は3部構成である。第Ⅰ部でドバイ、第Ⅱ部でアブダビ、第Ⅲ部で他の中東・北アフリカ諸国のテーマパーク開発を考察する。序章でテーマパーク世界ランキングと世界動向、第1章で観光開発の必要性と外国人労働者の劣悪な環境、第2章でドバイの観

---

[1] 観光庁「訪日外国人旅行者数・出国日本人数」2022年7月26日アクセス
https://www.mlit.go.jp/kankocho/siryou/toukei/in_out.html

光開発、第3章でドバイのテーマパーク開発、第4章でアブダビの観光開発とテーマパーク開発、第5章でフェラーリ・ワールド・アブダビ、短編1でルーブル美術館のアブダビ分館、第6章でサウジアラビアの観光開発とテーマパーク開発、第7章でサウジアラビアのアルワリード王子の観光事業、第8章でカタールのスポーツ立国と観光立国、短編2でカタールがパリサンジェルマン買収、短編3でカタールW杯の誘致不正疑惑、短編4でバーレーン・ディズニーランド計画、短編5でヨルダンのスタートレックのテーマパーク計画、短編6でパレスチナで英画家バンクシーのコンセプトホテル、短編7でパレスチナ自治区ガザ地区の悲劇のテーマパーク、短編8でレバノンにイスラム武装組織ヒズボラの対イスラエル戦争博物館、終章で無我夢中の開発と経済力の誇示を考察する。

研究方法

　研究方法は文献研究を用いた事例研究である。文献とは、新聞、書籍、白書、ビジネス雑誌等である。中東の各地域を代表するテーマパークを選び、その一社について詳細に考察する。地域ごとの特徴を一章とすることもある。私の研究はテーマパーク業界を初めて経営学的に研究し、全体像を明らかにする挑戦である。事例研究を増やし、多くの事例が集まったら帰納したい。後に帰納法で解明するための途中段階にある。

本書で必要となる前提知識

米：亜米利加：アメリカ、**英**：英吉利：イギリス、**仏**：仏蘭西：フランス、**伊**：伊太利亜：イタリア、**西**：西班牙：スペイン
CEO：Chief Executive Officer：最高経営責任者：日本でいう社長、経営者
Ha：ha：ヘクタール。広さの単位。テーマパークで使われる。100m×100m=10000m^2
TDL：東京ディズニーランド、1983年開業、**TDS**：東京ディズニーシー、2001年開業、
TDR：東京ディズニーリゾート、2001年開業、TDLとTDSにイクスピアリ、モノレール、ホテル等を合わせたリゾートエリア。
US：ユニバーサル・スタジオ／1964年にUSハリウッド開業、2001年にUSJ開業、2011年にUSシンガポール開業、2021年にUS北京開業。

インバウンド観光：外国人観光客を自国に呼ぶこと。外貨獲得につながる。多くの国が観光立国を目指しており激戦。日本は2030年に訪日外国人観光客6000万人を目指す。

アウトバウンド観光：自国民が外国に観光に行くこと。

ニューツーリズム　従来型の観光ではなく、テーマを絞ってそれに特化した新しいタイプの旅行。例えば、都市を楽しむアーバン・ツーリズム、飲食を楽しむグルメ・ツーリズム、美術館をめぐるアート・ツーリズム、温泉で療養するヘルス・ツーリズム、宗教の聖地を巡礼する宗教ツーリズム、仕事の出張で旅行するビジネス・ツーリズムなど。

MICE：マイス：Meeting, Incentive, Conference, Exhibition：ミーティング、報奨旅行、会議、展示会。会議や展示会のために出張することをビジネス・ツーリズムという。会議や展示会は、利益率は低いが集客力は高い。MICEの旅行客はエリートや高収入者が多いため、飲食、買い物、ゴルフ、スパ、カジノなど**集金装置**に誘導する。集客するための装置を**集客装置**という。

中東　アフガニスタン、アラブ首長国連邦（UAE）、イエメン、イスラエル、イラク、イラン、オマーン、カタール、クウェート、サウジアラビア、シリア、トルコ、バーレーン、ヨルダン、レバノン、パレスチナ（外務省[2]による）

ODA　政府開発援助（Official Development Assistance）。開発途上国の経済や社会の発展、国民の福祉向上や民生の安定に協力するために行われる政府または政府の実施機関が提供する資金や技術協力。

フリーゾーン　経済特区。外国企業の経済活動の場。

謝辞

　私は大学院生だった2004年にディズニーランドの研究を始めた。今年は2024年、ついに20年経ってしまった。この20年間、波はあったがテーマパーク研究に情熱を注いできた。テーマパークという非常に魅力的で興味深い研究対象に出会えたことに史上最大の感謝を捧げる。ウォルト・ディズニーがディズニーランドのアイディアを練っていたのは1940年代後半である。この頃のウォルトは、まさか2000年代から中東の産

---

[2] 外務省「中東」2024年6月30日アクセス
https://www.mofa.go.jp/mofaj/area/middleeast.html

油国でテーマパークの開発ブームが起こるとは思わなかっただろう。大学院時代の私も、まさか中東に関して一冊の単著を書くとは思わなかった。普通の日本人（私）にとって、中東は未知なる世界である。本書を書きながら中東に詳しくなれて嬉しい。

私は大学2年時にアメリカに語学留学し、同じクラスにサウジアラビア人の男性（22歳）がいて、仲良くなった。彼に色々話を聞いていたから私はサウジアラビアはじめ中東諸国に抵抗を感じないのだと思う。人脈づくりなど意識せず、ただ人柄や相性の良さで友達になれた学生時代の友達は良いのである。私に色々な世界を教えてくれた留学中の外国人の友人たちにはとても感謝している。留学資金を出してくれた両親と祖父母にも感謝している。

以前、あるトーク番組に作家の浅川次郎先生が出ていて、「成功する作家はみんな執念深い」「売れている作家はみんな売れるまで執念深く書き続けた」という主旨の発言をしていて印象に残った。私はディズニー研究を何回も潰されそうになったが、20年間、執念深く継続した。ウォルト・ディズニーも非常に執念深く、映画事業とテーマパーク事業に邁進した。私も一生執念深くテーマパーク研究を続けるとここに誓う。

序章　テーマパーク世界ランキングと世界動向

1. はじめに

　世界のテーマパーク業界はディズニーやユニバーサルなど大手テーマパークチェーンが席巻している。世界のテーマパーク業界は、アメリカが世界1位、日本が2位のテーマパーク大国である。そこにフランスを中心に西欧、中国や韓国など東アジア、そしてドバイ、アブダビ、サウジアラビアなど中東勢が追い上げている。

　本章では、テーマパーク産業の世界ランキングと世界動向をおおまかに考察する。第1にテーマパークを定義し、第2に2011年と2019〜2022年の世界ランキングを比較する。

2. 日本の経済産業省によるテーマパークの定義

　中東でのテーマパークの定義が見当たらないため、本書では日本政府のテーマパークの定義を参考に定義する。そこに筆者の定義も合わせる。

　日本の経済産業省は「平成30年特定サービス産業実態調査[3]」のうち「公園、遊園地・テーマパーク」の調査結果をまとめた。調査方法は、経済産業省が調査を委託した特定サービス産業実態調査実施事務局が、郵送で調査票を配布し、郵送又はオンラインで取集した。公園、遊園地・テーマパークの調査対象は、娯楽を提供することを主たる業務として営む事業所のうち、以下に該当する事業所である。国や地方公共団体等から施設の運営等を包括的に代行している指定管理者制度利用の施設、独立行政法人等が直接管理・運営を行っている施設も対象となる。

(1)公園：○○公園、○○庭園、○○公園管理事務所などと呼ばれている事業所で、入場料を徴収することで入場でき、樹木、池等の自然環境を有して、娯楽を提供し、又は休養を与える事業所

(2)遊園地：主として屋内、屋外を問わず、常設の遊戯施設（コースター、観覧車、メリーゴーランド、バイキング、フライングカーペット、モノレール、オクトパス、飛行塔、

---

[3] 経済産業省「平成30年特定サービス産業実態調査報告書」の中の「公園，遊園地・テーマパーク編」2021年6月23日アクセス
https://www.meti.go.jp/statistics/tyo/tokusabizi/result-2/h30/pdf/h30report26.pdf

ミニSL、ゴーカートなど）を3種類以上（直接、硬貨・メダル・カード等を投入するものを除く）有し、フリーパスの購入もしくは料金を支払うことにより施設を利用できる事業所

(3)テーマパーク：入場料をとり、特定の非日常的なテーマのもとに施設全体の環境づくりを行い、テーマに関連する常設かつ有料のアトラクション施設（映像、ライド（乗り物）、ショー、イベント、シミュレーション、仮想体験（バーチャルリアリティ）、展示物の施設など）を有し、パレードやイベントなどを組み込んで、空間全体を演出する事業所

本書でのテーマパークの定義

　テーマパークとは**ウォルト・ディズニーの造語**で、テーマのあるパークという意味である。ウォルトは高校中退（第一次世界大戦で後方支援のため）だからか、アカデミックな論文向けの定義をしなかった。後にテーマパークを研究する人が現れるとは思わなかったはずである。テーマパークはウォルトという民間人の造語ゆえに、法律を基にした定義（「根拠法令」という）は無い。例えば、病院と診療所は医療法で明確に定義され、区分されている。医療法では、病床数（入院患者用ベッド）が20床以上あれば病院、19床以下なら診療所（医院・クリニック）である。テーマパークの定義の際、必ず出てくるのが遊園地との違いである。テーマパークと遊園地には根拠法令に基づく定義はない。日本の経済産業省は社会の実態を調査した上で上記のように定義した。先に経済産業省が法律で定義し、それに従ってテーマパークと遊園地が創業されたのではない。

　日本では、テーマパークと遊園地の簡潔な定義は「テーマがあるのがテーマパーク、テーマが無く乗り物を集めたのが遊園地」である。それは業界で広まっている定義であって、誰が定義したのか分かっていない。公的な機関が定義したのではない。

　それに対して、筆者の定義は「昭和の名称が遊園地、平成以降の名称がテーマパーク」である。名称のみの違いである。筆者は中身については差をつけて考えていない。経営学ではテーマパークと遊園地を明確に区別することは重要ではないため、両者を合わせてテーマパークと表記する。日本では1983（昭和58）年に東京ディズニーランド（TDL）が開業し、1989（平成元）年頃からメディアの報道に「遊園地」だけでなく「テーマパーク」という言葉も使われるようになった。平成に入ってからテーマパークという言葉

が日本で普及し、広まっていったため、テーマパークは平成以降の名称と筆者は定義する。

表1：遊園地とテーマパークの定義

	簡潔な定義	中島の定義
遊園地	テーマが無い	昭和の名称
テーマパーク	テーマが有る	平成以降の名称

筆者作成

3. 世界テーマパーク産業の動向

　AECOMの「2011年世界主要10テーマパークグループ」（表2）を見ると、ディズニーグループが突出していることが分かる。一事業者が複数のテーマパークを経営しているので**テーマパークチェーン**と呼ばれる。2位のマーリンはイギリスのプール（Poole）のテーマパーク運営企業で、ヨーロッパを中心に中小規模のテーマパークを多数有する。3位のユニバーサル・スタジオと比べると、世界のディズニーランドの入場者数が多いと分かる。4位のパークス・リユニダスはスペインのマドリードのエンターテイメント企業で、欧米中心に中小規模のテーマパークを多数経営する。それ以外の10位以内の企業は、中小規模のテーマパークを数十所有して運営している。規模性の経済と範囲の経済性を得ている。おそらく経営破綻したテーマパークや動物園を吸収したのだろう。2011年の世界トップ20施設中、10施設がアメリカ本土に立地している。特にフロリダ州とカリフォルニア州に集中している。両州が世界のテーマパークの先進エリアで、産業集積である。続いて日本に4施設あるため、日本がアジア地域の先進エリアである。

　続いて、2011年と2019～2022年の世界トップ20テーマパークランキングを見てみよう（表4～6）。2019年はコロナ禍の影響を受けていない年で、2020年以降はコロナ禍で閉鎖を余儀なくされ大打撃を受けた。

　AECOMは中東をEMEA地域にまとめている。EMEA（Europe, Middle East, Africa：ヨーロッパ、中東、アフリカ）の頭文字をとったもので、企業が国際進出する際、この地域をEMEAという。中東のテーマパーク開発は盛んであるが、EMEA地域のトップ20テーマパーク（表6）はすべてヨーロッパにあり、中東勢はどれもランク

外である。EMEA トップ 10 ウォーターパーク（表 7）では、2 位のアクアベンチャー（ドバイ）と 9 位のワイルド・ワディ（ドバイ）だけが中東勢でランクインしている。ここから中東のテーマパークは開業するも、まだ安定した集客を得られる段階に入っていないようだ。

表 2：世界主要 10 グループの 2011 年入場者数（単位：万人）

	企業グループ	本社	主要パーク	入場者
1	ウォルト・ディズニー・アトラクションズ	米カリフォルニア州バーバンク	世界のディズニーランド	12140
2	マーリン・エンターテイメント・グループ	英プール	欧州中心に中小パーク多数	4640
3	ユニバーサル・スタジオ・リクレーション・グループ	米フロリダ州オーランド	世界のユニバーサル・スタジオ	3080
4	パークス・リユニダス	西マドリード	欧米に中小パーク多数	2622
5	シックス・フラッグズ・エンターテイメント	米テキサス州グランドプレーリ	絶叫マシン系パーク多数	2430
6	シーワールド パークス＆エンターテイメント	米フロリダ州オーランド	米国の海のテーマパーク	2360
7	シダー・フェア・エンターテイメント・グループ	米オハイオ州サンダスキー	ナッツベリーファーム等米国に中小パーク多数	2340
8	華僑城 (OCT PARKS)	中国・深セン	都市開発とテーマパーク	2173
9	ヘルシェント・エンターテイメント	米ジョージア州アトランタ	米国に中小パーク多数	950
10	カンパーニュ・デ・アルプス	仏ブローニュ＝ビヤンクール	欧州中心に中小パーク多数	921
	計			33656

出典：2011 年「Theme Index: Global Attraction Attendance Report」p.11 の表に加筆修正

http://www.aecom.com/deployedfiles/Internet/Capabilities/Economics/_documents/Theme%20Index%202011.pdf

表3：世界主要10グループの2019年入場者数（単位：万人）

	企業グループ	本社	主要パーク	入場者
1	ウォルト・ディズニー・アトラクションズ	米カリフォルニア州バーバンク	世界のディズニーランド	15599
2	マーリン・エンターテイメント・グループ	英プール	欧州中心に中小パーク多数	6700
3	華僑城（OCT PARKS）	中国・深圳	都市開発と中小パーク多数	5397
4	ユニバーサル・スタジオ・リクレーション・グループ	米フロリダ州オーランド	世界のユニバーサル・スタジオ	5124
5	華強方特（FANTAWILD）	中国・重慶	中国に中小パーク多数	5039
6	長隆（CHIMELONG）	中国・広州	中国に中小パーク多数	3702
7	シックス・フラッグズ・エンターテイメント	米テキサス州グランドプレーリー	絶叫マシン系パーク多数	3281
8	シダー・フェア・エンターテイメント・グループ	米オハイオ州サンダスキー	ナッツベリーファーム等米国に中小パーク多数	2794
9	シーワールド　パークス＆エンターテイメント	米フロリダ州オーランド	米国の海のテーマパーク	2262
10	パークス・リユニダス	西マドリード	欧米に中小パーク多数	2220
	計			52120

出典：AECOM, Theme Index 2019, p11, 2021年6月30日アクセス

https://aecom.com/content/wp-content/uploads/2020/07/Theme-Index-2019.pdf

表4：2011年世界トップ20テーマパーク（単位：万人）

	テーマパーク	立地	入場者
1	ディズニー・マジックキングダム	米フロリダ州レイクブエナビスタ	1714
2	ディズニーランド	米カリフォルニア州アナハイム	1614
3	東京ディズニーランド	日本・千葉	1400
4	東京ディズニーシー	日本・千葉	1193
5	ディズニーランド・パリ	仏マヌル・ラ・ヴァレ	1100
6	エプコット(ディズニーワールド)	米フロリダ州レイクブエナビスタ	1083
7	ディズニー・アニマルキングダム	米フロリダ州レイクブエナビスタ	978
8	ディズニー・ハリウッドスタジオ	米フロリダ州レイクブエナビスタ	970
9	ユニバーサル・スタジオ・ジャパン	日本・大阪	850
10	アイランド・オブ・アドベンチャー	米フロリダ州オーランド	767
11	ロッテワールド	韓国ソウル	758
12	香港海洋公園	香港	696
13	エバーランド	韓国京畿道	657
14	ディズニー・カリフォルニア・アドベンチャー	米カリフォルニア州アナハイム	634
15	ユニバーサル・スタジオ・フロリダ	米フロリダ州オーランド	604
16	香港ディズニーランド	香港	590
17	ナガシマスパーランド	日本・三重	582
18	シーワールド・フロリダ	米フロリダ州オーランド	520
19	ユニバーサル・スタジオ・ハリウッド	米カリフォルニア州ユニバーサルシティ	514
20	ウォルト・ディズニー・スタジオ	仏マヌル・ラ・ヴァレ	471

出典：2011年「Theme Index: Global Attraction Attendance Report」のpp.12-13の表に加筆

http://www.aecom.com/deployedfiles/Internet/Capabilities/Economics/_documents/Theme%20Index%202011.pdf

表5：世界トップ20テーマパーク年間入場者数（単位：万人）

	テーマパーク	立　　地	2022	2021	2020	2019
1	マジックキングダム	米フロリダ州	1713	1269	694	2096
2	ディズニーランド	米カリフォルニア州	1688	857	367	1186
3	東京ディズニーランド	日本・東京*	1200	630	416	1791
4	東京ディズニーシー	日本・東京*	1010	580	340	1466
5	ユニバーサル・スタジオ・ジャパン	日本・大阪	1235	550	490	1100
6	ディズニー・アニマルキングダム	米フロリダ州	902	719	416	1083
7	エプコット	米フロリダ州	1000	775	404	978
8	長隆海洋公園	中国・珠海	440	745	479	1174
9	ディズニー・ハリウッド・スタジオ	米フロリダ州	1090	858	367	850
10	上海ディズニーランド	中国・上海	530	848	550	767
11	ユニバーサル・スタジオ・フロリダ	米フロリダ州	1075	898	409	758
12	アイランズ・オブ・アドベンチャー	米フロリダ州	1102	907	400	696
13	カリフォルニア・アドベンチャー	米カリフォルニア州	900	497	191	657
14	ディズニーランド・パリ	仏マルヌ・ラ・ヴァレ	993	350	262	634
15	ユニバーサル・スタジオ・ハリウッド	米カリフォルニア州	840	550	129	604
16	エバーランド	韓国京畿道	577	371	276	590
17	ロッテワールド	韓国ソウル	452	246	156	582
18	ナガシマスパーランド	日本・三重	420	360	240	520
19	ヨーロッパパーク	独ルスト	600	300	250	514
20	香港海洋公園	香港	140	140	220	570

出典：AECOM, Theme Index 2022, p14-15, 2023年7月14日アクセス

https://aecom.com/wp-content/uploads/documents/reports/AECOM-Theme-Index-2022.pdf

＊アメリカの資料なのでTDL・TDSの立地が千葉ではなく東京になっている。

表6：EMEAトップ20テーマパーク（単位：万人）

	テーマパーク	立　　　地	2022	2021	2020	2019
1	ディズニーランド・パリ	仏マルヌ・ラ・ヴァレ	993	350	262	974
2	ヨーロッパパーク	独ルスト	540	300	250	575
3	デ・エフテリン	蘭カーツスフーフェル	543	330	290	526
4	ウォルト・ディズニー・スタジオ	仏マルヌ・ラ・ヴァレ	534	188	141	524
5	チボリ公園	丁コペンハーゲン	386	240	162	458
6	ポルト・アヴェントゥラ	西サロウ	375	240	70	375
7	リセベリ	スウェーデン・イェーテボリ	250	144	-	295
8	ガルダランド	伊カステルオーヴォ・デル・ガルダ	295	220	135	292
9	レゴランド・ウィンザー	英ウィンザー	240	150	45	243
10	アステリックス・パーク	仏プライイ	263	130	116	232
11	ピュイ・デュ・フー	仏レ・ゼペス	234	161	92	230
12	パルケ・ワーナー	西マドリード	186	130	45	223
13	アルトン・タワー	英スタッフォードシャ	230	180	67	213
14	ファンタジアランド	独ブリュール	210	118	100	205
15	レゴランド・ビルン	丁ビルン	224	85	70	195
16	ソープパーク	英チャーツィー	160	170	60	190
16	フュチュロスコープ	仏ジュネ＝クラン	192	110	90	190
18	レゴランド・ドイツ	独ギュンツブルク	170	90	75	170
18	ハイデ・パーク	独ゾルタウ	160	130	95	170
20	チェンシントン・ワールド・オブ・アドベンチャー	英チェンシントン	150	145	51	169
	計		6336	3612	2217	6451

出典：AECOM, Theme Index 2022, p29, 2024年3月28日アクセス

https://aecom.com/wp-content/uploads/documents/reports/AECOM-Theme-Index-2022.pdf

表7：EMEA トップ20 ウォーターパーク（単位：万人）

	テーマパーク	立　地	2022	2021	2020	2019
1	テルメ・エルディング	独エルディング	170	70	75	185
2	**アクアベンチャー**	**ドバイ**	150	80	60	132
3	アクアパレス	チェコ・プラハ	120	58	53	130
4	トロピカル・アイランド	仏マルヌ・ラ・ヴァレ	115	50	49	123
5	サイアム・パーク	西サンタクルス・デ・テネリフェ	115	51	9	120
6	アクアランド・モラヴィア	チェコ・パソフラーヴィキ	72	38	36	80
7	ティキ・プール	蘭ダインレル	75	40	39	80
8	ネッテバート	独オスナブリュック	65	34	31	75
9	**ワイルド・ワディ**	**ドバイ**	75	47	35	74
10	ラランディア	デンマーク・ビルン	75	45	24	68
	合計		1032	514	413	1068

出典：AECOM, Theme Index 2022, p29, 2024年3月28日アクセス

https://aecom.com/wp-content/uploads/documents/reports/AECOM-Theme-Index-2022.pdf

数値の信頼性：香港ディズニーに入場者数偽装報道

　このような調査の信頼性を揺るがすことが起こった。特に中国勢は本当の入場者数を公表しているのか分からない。2006年に香港ディズニーが経営不振の際、香港ディズニーは入場者数を実際より多く発表している、と香港メディアが報じた[4]。香港ディズニーは目立つ存在なのでメディアに注目されていた。亜州IR中国株ニュースも中国のテ

---

[4] 2006/09/08 日経産業新聞4頁「香港ディズニー、「1年で560万人」の目標困難…、集客数にかさあげ疑惑。」

ーマパークが収支を偽装している可能性を指摘した[5]。中国だけの問題ではない。他の地域のテーマパークが入場者数を偽装しても、話題にならないこともあるだろう。

年間パスポートで１日に複数回入場する客で「かさ増し」問題

　入場者数調査の限界は、年間パスポート（以降、年パス）で１日に複数回入場する客を排除できず、一人にカウントされることでる。次のようなケースがある。このような客が入場者数を多く見せているが、売り上げにつながらない。東京ディズニーリゾート（TDR）の年パス保有者は、新規イベントの初日に入口で無料配布する非売品のピンバッチ等をもらうために複数回入場し、自分用と保管用をとって、残りをネットオークションで売る人がいると言われている。実際にオークションサイトに出品されている。他のテーマパークでも年パス保有者は、園内の食事が高額なので外に出て近隣の安価な店で食べてから再入場する。また近隣のホテル宿泊客は、疲れたり、眠くなったり、次のファストパスやショーまで時間がある時に一度ホテルに行き、そして再入場する。このような年パス保有者の再入場を排除できず、入場者数を実際の集客力以上の数値にする。

新型コロナウィルス流行で大打撃、客単価を上げる戦略に

　ところが、2020年の新型コロナウィルス感染拡大で大規模な入場制限を余儀なくされた。米ディズニー社やTDRを運営するオリエンタルランド、ユニバーサル・スタジオ・ジャパン（USJ）など主要テーマパークが年パスを払い戻し、その都度チケットを購入する仕組みに変えた。TDRは入場者数抑制のため客単価を上げる戦略に転じた。例えば、人気アトラクションで有料ファストパス「プレミア・アクセス」を１回2000円で導入した。コロナ禍の2021年度に過去最高の客単価１万4834円を記録した[6]。今後、人気テーマパークで客単価向上を目指す動きが取り入れられるだろう。

---

[5] 2019/07/31 亜州IR 中国株ニュース「【統計】中国にテーマパーク投資ブーム再来、19年は7兆円規模　中国」
[6] オリエンタルランド「入園者数と単価」2022年7月31日アクセス
http://www.olc.co.jp/ja/ir/olc/group05.html

4.まとめ

本章では、世界のテーマパーク産業の現状と特性を考察し、次の点を明らかにした。

第1に、世界の主要テーマパーク20施設中、10施設がアメリカ本土に立地する。うちフロリダ州に7施設、カリフォルニア州に3施設が集中する。両州が世界のテーマパークの先進エリアであり、産業集積である。続いて日本に4施設あるため、日本が世界2位、アジア1位の先進エリアである。

第2に、2011年と2019年を比較すると、中国勢の台頭が特徴的である。ただし中国勢が本当の数字を公表しているのか不明である。中国以外の国でも虚偽の数値を発表している可能性はある。このようなランキングでは、どこの国であれ、虚偽の数字を発表しているテーマパークを排除できない。これでは入場者数や売上高のランキングの信頼度が下がる。

第3に、中東のテーマパークは開業するも、EMEAランキングに乗っていないことから、まだまだ安定した集客ができていないようだ。派手な演出の割に入場者数は少ないのではないか。地道な集客が課題である。外国人観光客誘致を掲げているが、同時に自国民の集客が必要となる。自国民の集客のためには、中間層の増加が重要となる。

実際の入場者数が伴っていないとしても、テーマパークに最大限入場させた場合のキャパシティは中東地域で増加しており、今後さらに増加するだろう。**供給過剰**に陥るのではないか。

第1章　観光開発の必要性と外国人労働者の劣悪な環境

1. はじめに

　本章では、中東のテーマパーク開発を論じる前段階として、中東の観光開発の必要性と、それを建設する外国人労働者の劣悪な環境を考察する。第1に多くの日本人は知らないイスラム教の基礎を解説し、第2に産油国の経済構造と観光立国の必要性、第3に外国人労働者の劣悪な労働環境を考察する。

イスラム教の基礎知識

唯一神アッラー　イスラム教の神。

ムハンマド（570年頃～632年）　アッラーの声を聞いた預言者。アッラーの教えを布教した。メッカのクライシュ族に属するハーシム家の一員として商業に携わっていた。

コーラン　イスラム教の聖典。ムハンマドがアッラーの啓示を受けて記した。神の唯一性の強調、終末の到来の予告、来世の様子、礼拝や喜捨の必要性、結婚や遺産相続、商取引の際の契約方法など、イスラム教徒の信仰と生活全般。イスラム教の根本教義は「タウヒード（神の唯一性）」を受け入れること。タウヒードの否定は最大の罪。人間は神の前では平等なので、アッラーと人間を仲介する聖職者は存在しない。

首長（Emirate）イスラム教の国における王。

ムスリム（Muslim）イスラム教徒のこと。「神の帰依する者」の意味。

メッカ　第一聖地。**メディナ**　第二聖地。

聖地巡礼　メッカ巡礼はイスラム教徒の生涯における最大の儀式。イスラム暦12月の8～10日の3日間、カアバ神殿およびメッカ近郊の各所を巡り、決められた儀式を行う。イスラム教徒は「可能」なら一生に一度はメッカ巡礼が義務。「可能」とは、往復する体力、旅費、留守中の家族の生活費があること。

2大宗派　スンニ派（約9割）とシーア派（約1割）。シーア派は「預言者ムハンマドの政治的後継者（カリフ）は彼の従弟アリーとその子孫」と主張する宗派、スンニ派はそれを否定する宗派。

ジハード　聖戦。異教徒との戦い。イスラム法で、異教徒に迫害されたら戦うことがイスラム教徒の義務とされている。

レンティア国家　王族が天然資源による収益を独占し、国民に分配する代わりに、国民は選挙権を持たず、王族が独裁政治を行う国家。レント（rent）とは地代、家賃などのことで、ここでは石油等の天然資源を指す。

ラマダン　イスラム暦で9月（ラマダン月）の1ヶ月間、飲・食・性の欲を絶つ「断食（斎戒）」の儀式。太陽が出ている間だけなので、日没後に大量に飲食する。

イスラム金融　イスラム法に則った金融取引。コーランの教えや教義（シャリア）に基づく。金利と反道徳的な事業への投融資禁止。不労所得で財産を増やす行為禁止。

一夫多妻制　男性は4人まで妻を持てると「コーラン」に書かれている。王族の男性は10人まで妻を持てる。ただし全ての妻を平等に扱う必要がある。ひいきしてはいけない。経済的にも感情的にも平等に扱えない男性が複数の妻を持つことは許可されない。実際に複数の妻を持つ男性は少ない。富裕層のみである。

2. 中東の産油国の経済構造と観光立国の必要性

　日本の内閣府の「世界経済の潮流2015年Ⅰ[7]」（第1章第4節）によると、産油国では原油価格が下落すると経済や財政にデメリットをもたらす。産油国経済は原油輸出に大きく依存し、原油価格の変動の影響が大きい。産油国の原油輸出の名目GDP比は2010～2013年で約3割である。産油国の経済構造は先進国と大きく異なる。産業別の<u>名目GDP構成比は先進国に比べて鉱業（地下資源の採掘業）の割合が高く、サービス業の割合が低い</u>。サウジアラビア（以降サウジ）とアメリカを比較すると、鉱業は、アメリカは3％未満、サウジは45.1％である。また、サービス業の割合は、先進国で7割前後、中東産油国で4割未満である。

　産油国の経常収支は、<u>原油価格の上昇局面に原油輸出額増加で大幅な経常黒字</u>が計上され、あわせて外貨準備高も積み上げられる。産油国の財政構造を概観すると、歳入の大半を原油・天然ガスからの収入に依存している。中東産油国では個人所得税や消費税・付加価値税を徴収していない国が多い。一般に資源依存度が高い国では、輸出が市況に左右され不安定な傾向にある。持続的かつ安定的な経済発展のため産業の多角化が求め

---

[7] 内閣府「世界経済の潮流2015年Ⅰ」の「第1章　原油価格下落と世界経済リスクの総点検」2021年5月10日アクセス
https://www5.cao.go.jp/j-j/sekai_chouryuu/sh15-01/s1_15_1_4.html

られる。産業の多角化は産油国の長年の課題で、多角化を進める中長期の国家計画が策定されてきた。しかし2000年代の原油高の時期に、多くの国でむしろ原油依存度が上昇した。

一方、ドバイやカタールでは原油依存度が低下している。ドバイは資源豊富なアブダビと異なり、元々石油埋蔵量が少なく（鉱業・採掘業のGDPに占める割合は約3%、2012年）、鉱業以外の産業の育成を進めざるをえない。ドバイではサービス業（金融、卸・小売、輸送、不動産等）や製造業が成長の柱である。外国企業を優遇するフリーゾーン（経済特区）の整備で直接投資が増加し、中東の金融センターとしての地位を確立した。世界最大の人工港とハブ空港を有し、観光立国でもある。UAE全体でさらなる経済多角化を進め、世界で最もビジネスしやすい国を目指している。例えば、WEF（世界経済フォーラム）の国際競争力ランキングでは、インフラ競争力が2006～2007年の世界第25位から2014～2015年に第3位に躍進した。

カタールはサウジやUAEに比べて原油埋蔵量は乏しいものの、天然ガスは豊富（世界4位）で鉱物性燃料に依存した経済である。**ドバイの成功に触発**されて産業の多角化を進めている。外国企業誘致のため税制優遇、規制緩和等が進められ、電気通信などの国営企業が民営化された。またドバイに倣いフリーゾーンが設立され、外資企業誘致や地場企業育成を目的としたカタール科学技術センターや、地域の金融センターを目指したカタール金融センターが設立された。産油国で事業する上での障害は、制限的な労働規制や労働者の教育が不十分なこと、金融へのアクセスが不十分なことである。これらに配慮した政策が重要となる。産油国の産業多角化は成長の振幅を低下させ、地域・世界経済の安定化に寄与する。<u>原油輸出を原資とした**公的**部門主導</u>の成長から<u>**民間**部門主導</u>の成長へと移行するため、さらなる投資、ビジネス環境改善や人材育成が望まれる。

3. 外国人労働者の劣悪な労働環境と搾取

ドバイなど中東産油国では外国人労働者の劣悪な労働環境と搾取が問題になっている。2000年代半ばにドバイが突然存在感を増した。豪華なタワーが立ち並び、有名人が旅行に行ったことが報じられるようになった。しかし、あの豪華な建物を建てている人のことを考えたことがあるだろうか。インド、パキスタン、スリランカ、フィリピン

など南アジアや東南アジアを中心に途上国の貧しい人たちが出稼ぎに行き、摂氏40度を超える灼熱の中、過酷な労働を強いられている。

高層ビル建設現場火災で作業員死亡

　2007年1月、ドバイの高層ビル建築現場で火災が発生し、外国人労働者の安全確保が問題となった。その火災は、繁華街に建設中だった34階建ての高層ビル、フォーチュン・タワーの最上階付近から出火した。警察は死者2人と発表したが、病院関係者によると外国人労働者4人が死亡、57人が負傷した[8]。

人口の8割が外国人労働者、ストライキは法律で禁止

　2006年のアブダビの1人当たり名目GDPは約3.5万ドル（約385万円）で、ドバイでも約2万ドルである。しかし、これは人口の8割を占める外国人労働者を含めた数字で、自国民だけなら世界最高水準になる。人口約490万人のUAE経済を実際に支えるのは外国人労働者である。世界の建設用クレーンの3分の1が集まるといわれるドバイの建設現場では、インドやパキスタンからの出稼ぎ労働者が平均月収約175ドル（約1.9万円）という低賃金で働く。家政婦とレストラン・小売店の店員は東南アジアからの、農業や漁業など一次産業も主にアラブ諸国や南アジアからの労働者に頼る。2007年10月に建設作業員約3.5万人が法律で禁止されているストライキを行い、逮捕者を出した。毎年10%超のインフレで生活は苦しく、故郷の家族への仕送りもままならない。国際人権団体は「搾取」と非難する。この貧富の差は湾岸諸国の構造的な問題である。ドバイ経済開発庁のカッシム次官は「問題は労働者の給与をピンハネする派遣国にある」「労働者の環境改善に努力している。違反業者には罰則を科す」と述べた[9]。

雇用主が労働者の行動を制限する雇用制度

　2006年にドバイが国の威信をかけた800メートル超の超高層ビル「ブルジュ・ハリファ」の建設現場で、数千人の外国人労働者が賃金や労働環境の改善を求めて暴動を起

---

[8] 2007/01/29　APF BB News「ドバイ高層ビル火災、浮き彫りになる外国人労働者の安全確保 – UAE」2024年5月1日アクセス https://www.afpbb.com/articles/-/2174012
[9] 2008/01/01 中日新聞朝刊8頁「変わる湾岸(1/4)繁栄支えるオイルマネー」

こした。当時の建設作業員の月給は3万〜5万円程度で、週1日休めるかどうかだった。かたやUAE国民の多くは1000万円を超える年収と福利厚生を得て豪邸を構える。暴動は鎮圧されたが、UAE国民の間で「国中の労働者が一斉に暴動を起こすのでは」「多数派の外国人に国が乗っ取られるのでは」との懸念が増した。それから13年を経て2019年、国の構図は変わっていない。飲食、建設、運輸、あらゆる業種で外国人比率は高い。東京読売新聞の記者は2018年末、ドバイの労働者100人余りに簡単なインタビューを試みた。月収は平均7万1100円だった。パキスタン人のタクシー運転手は1日18時間勤務を月休1日でこなし、ネパール人労働者は約10畳一間に4人で暮らしていた。中東湾岸には雇用主が労働者の移動などを制限する「カファール」という特有の制度がある。**奴隷制**と非難されながら、制度下の労働者は2019年も2000万人に上り、劣悪な環境で働く。湾岸諸国は1970年代の石油危機以降、オイルマネーを元手に労働力を外国人に頼ってきた。カタールやクウェートでも外国人比率は8割に及ぶ。湾岸の外国人は内国民の社会や政治から完全に切り離され、国家への融和を図る制度や機会は皆無だ。外国人は出身国や民族ごとにかたまり、現地の習俗に染まらずに暮らす。しかし、インタビューではドバイでの暮らしに「満足」「まあまあ満足」が81％に上った。「とにかく**母国に仕送り**できる」からだ。原則2年ごとの更新となる短期ビザのため、出稼ぎ労働者と受け入れ国の双方とも金銭的なつながり以上を望まない[10]。

新型コロナウィルスで中東の出稼ぎ100万人帰国、母国は送金減少

　2020年6月、中東の湾岸産油国から新型コロナウイルスによる危機で失職したアジア人労働者の大量出国が始まった。100万人以上が帰国を準備し、渡航制限解除を待つ。産油国は経済の支え役を失う。アジア諸国は送金額が減る。中東ではコロナ危機と原油価格低迷で雇用環境が急速に悪化した。政府は自国民の仕事を守ることを優先した。労働人口の半分以上を外国人が占める湾岸の産油国はそのしわよせが来た。ドバイで7年間、私立学校の警備員として働いたジョセフ・サンチェスさん（47）は、フィリピンに戻る。これまで無料の住居費とは別の1950ディルハム（約5.8万円）の月給の4分の3を家族に送金してきた。感染防止のため、オンラインでの授業が長期化し、警備はい

---

[10] 2019/09/01 東京読売新聞　朝刊7頁「[ワールド・ビュー] 外国人材　湾岸諸国の功罪」

らなくなったと解雇を告げられた。同氏は4ヶ月分の給料を受け取っていないが、仕事もなく、物価高のドバイにいたくはないと言う。UAEではコロナ危機で90万人の雇用が失われた。サウジの投資会社ジャドワ・インベストメントによると、サウジでは120万人の仕事がコロナ危機で消失した。サウジ人の失業率は12%と横ばいで、新規の失業者のほとんどが外国人だった。サウジ人の若者が労働市場に入ってくるなか、外国人が仕事を見つけるのは難しい。外国人を自国民におきかえる「サウダイゼーション」は政府の労働政策の目標だった。しかし、技能や知識をもつ外国人が同時期にサウジを離れると、混乱が避けられない。低賃金の単純労働は自国民に人気がなく、政府が思うとおりに自国民が働くかは不透明である。国際人権団体は湾岸アラブ諸国における外国人の劣悪な労働・生活環境を繰り返し批判してきた。湾岸諸国では労働力のおよそ半分を外国人が占める。うち60～70%がインド、パキスタン、フィリピン、スリランカなどアジア出身者とされる。こうした出稼ぎ外国人は、労働力が不足する中東産油国と、資本が不足するアジアとの間のミスマッチを埋め、両地域の経済を支えた。労働者の大量帰国は、その母国に大きな負担になる。雇用環境が悪化しているところへ大量に求職者が加わる。低所得国にとって海外からの送金は外国からの直接投資や証券投資、援助などを上回る最も金額が大きい資金フローである。世界銀行は2020年の中所得国と低所得国をあわせた国際送金の受け取りが前年に比べ2割減ると予測する[11]。

外国人労働者は解雇、自国民雇用は難航し人手不足

2020年12月、湾岸諸国は雇用の「自国民優先」を強め、外国人雇用制度を見直し始めた。英調査会社オックスフォード・エコノミクスの試算によると、サウジなど6産油国が加わる湾岸協力会議（GCC）加盟国では今回のコロナ禍や原油安を受けて、外国人のうち13%が流出する見通しになった。サウジでは人口約3400万人（2019年推定）の約4割が外国人で、民間企業を中心に働き手を外国人から自国民に切り替えるよう促す政策が進む。8月からは主に小売業で、全従業員の70%は自国民を雇用するよう義務づけられたため、外国人労働者の解雇が続出した。サウジでは1985年につくられた経

---

[11] 2020/06/30 日経速報ニュースアーカイブ「中東、出稼ぎ100万人流出へ　アジアは帰国で送金減痛手」

済開発計画で「**サウダイゼーション（サウジアラビア人化）**」の用語とともに初めて取り入れた。湾岸産油国では待遇のいい公務員や政府系企業が人気だが、経済発展による人口増加に見合うほどポストを用意できなくなり、自国民の失業率が高まった。不満が体制批判につながることを心配し、とりわけ民間企業に一定割合の自国民雇用を義務づける政策が繰り返し図られてきた。サウジなどの過去の自国民化政策では結局、自国民の失業率はほとんど改善しなかった。人を減らした民間企業に自国民はあまり就職せず、人手不足に陥った。サウジ国民は高収入で、労働時間が短い公務員や政府系企業の仕事を希望する。クウェートのサバハ首相は地元報道機関との会合で「理想の人口比はクウェート人が 70％、非クウェート人が 30％」と述べた。実際は約 420 万人（2019 年推定）のうち自国民約 3 割、外国人約 7 割である。政府は大卒資格がない 60 歳以上の外国人のビザ延長を認めない方針を決め、2020 年内の国外退去を求めた。政府機関や国有の石油関連企業では外国人から自国民への置き換えが進み、民間企業にも広げる。

　一方、雇用主が保証人となって外国人労働者に職を提供し、ビザを発給するという「カファール制度」の見直しを始めた。外国人労働者が雇用主の許可なしに、転職や出国でき、国籍を問わず保証する最低賃金を上げた。カファール制度では特に建設労働者や家政婦など低賃金労働の外国人が雇用主に縛られる。強制労働、虐待、パスポート没収、給料遅配や不払いなどが報告され、国際人権団体は「人権侵害の温床」と批判してきた。サウジも 11 月にカファール制度の見直しを主な内容とする改革案を発表した。2021 年 3 月から雇用主の許可がなくても転職や出国を認める。しかし、国際人権団体「ヒューマン・ライツ・ウォッチ」は外国人が就労ビザを取得するには雇用主が保証人になる必要が依然あり、今後も雇用主の支配下に置かれると指摘した[12]。

ドバイ万博、会場建設工事で 3 人死亡、72 人重症

　2021 年 10 月、ドバイで開催された万国博覧会の運営団体は会場の建設工事で 3 人が死亡し、72 人が重傷と発表した。ドバイは現場の安全基準は「世界水準」で、労働者の福祉が最優先事項だったと主張している。それに先立って欧州議会はドバイの人権問

---

[12] 2020/12/09 朝日新聞　朝刊 11 頁「（世界発 2020）自国民雇用、強める湾岸諸国　体制批判回避へ、民間企業に義務」

題と外国人労働者に対する非人道的な行為を批判し、半年間にわたる万博のボイコットを呼び掛けた。万博会場の面積はモナコの 2 倍、数百のパビリオンなどが立ち並ぶ。20 万人以上の労働者が建設工事に携わり、工事全体の総労働時間は 2 億 4700 万時間で、事故発生率は英国よりも低いという。ドバイは「2020 年ドバイ万博に関わる全員の健康と安全、福祉を守り支援するため、世界水準の方策と基準、工程を確立している」と発表した[13]。

5. まとめ

本章では、中東の観光開発の必要性とそれを建設する外国人労働者の劣悪な環境を考察し、次の点を明らかにした。

第 1 に、中東の産油国では名目 GDP 構成比は先進国に比べて鉱業の割合が高く、サービス業の割合が低い。サービス業の割合は、先進国で 7 割前後、中東産油国で 4 割未満である。日本ではサービス業の割合が 7〜8 割程度である。産油国では石油依存から脱却できなければ、例えばシェールガス革命などが起こって、石油が主要なエネルギーでなくなった時に、国家が危機に陥る。

第 2 に、中東の産油国では外国人労働者が建設に従事する。中東では雇用主が外国人労働者を保証する独自の制度なので、労働者は雇用主の支配下に置かれ、奴隷働きさせられる。パスポートを没収されており、逃げようにも逃げられず、虐待や賃金遅延や不払いが報告されている。外国人労働者はインドやパキスタン、フィリピンなど貧しい国の人が多く、自国ではいい仕事がないので外国に出稼ぎに行く。ドバイやアブダビの豪華な建造物は、彼らの過酷な労働の上にある。途上国の人が低賃金で重労働を課せられて、あの立派な都市が開発されている。

---

[13] 2021/10/03 APF BB News「ドバイ万博、会場建設工事で 3 人死亡 72 人重傷」2024 年 5 月 1 日アクセス https://www.afpbb.com/articles/-/3369123

第Ⅰ部　ドバイ

　中東諸国の多くは石油立国を脱却し、観光立国を目指している。中東というと、(1)産油国で裕福、(2)紛争地帯、イスラム過激派、自爆テロなど、をイメージする人が多いだろう。2000年代になるとアラブ首長国連邦（UAE）のドバイ首長国やアブダビ首長国が観光立国を目指して頭角を現してきた。ドバイとアブダビはUAEの7つの首長国の2首長国である。ドバイの成功は他の産油国に開発モデルを示すこととなった。ドバイで急速に観光開発が進められ、テーマパークは大規模開発の一部として計画されている。

第2章　ドバイの観光開発

1. はじめに

　2003年にサッカーのベッカム選手らイングランド代表選手11人がドバイに高級別荘を購入したと報じられ[14]、ドバイと言う名前が注目された。それでも2000年代前半までドバイは無名の存在だった。しかし2005～2008年頃、リーマンショック前まで、世界は好景気に沸いた。その頃、ドバイとアブダビ投資庁は日本で盛んに報道されるようになり、知名度を上げた。2020年代になると、日本の犯罪者がドバイに高跳びするなど、ネガティブな理由でも注目されるようになった。

---

[14] 2003/07/15 スポーツ報知7頁「ベッカムがドバイ人工島の別荘を購入」2003年7月、サッカーのイングランド代表デビッド・ベッカム選手（当時28歳、レアル・マドリード所属）がドバイの島に100万ポンド（約**1.9億円**）の高級別荘を購入した。UAEのリゾート開発会社ザ・パームがドバイ近海に建設中のリゾート人工島（2005年完成）にプール、プライベートビーチ付きの5ベッドルームの家を建てる。パーム社によると、2002年のワールドカップ前にドバイで合宿したベッカムを含め、FWマイケル・オーウェン（当時23歳、リバプール所属）やMFキーロン・ダイアー（当時24歳、ニューキャッスル所属）らイングランド代表選手11人もここに別荘を購入した。イングランド代表DFガリー・ネビル（当時28歳）やMFポール・スコールズ（当時28歳）も同エリアに購入した。

本章では、ドバイの国家戦略としての観光開発と石油依存からの脱却を考察する。大1にドバイショック前のドバイの観光開発、第2にドバイショック後の観光開発、第3にドバイから回復して開発ラッシュを考察する。

UEA の概要

アラブ首長国連邦[15]（UAE: United Arab Emirates）は、面積約 8.4 万 km²、人口約 989 万人（2020 年世銀）、首都アブダビ、民族アラブ人、言語アラビア語、宗教イスラム教。7 首長国による連邦体制、元首は大統領のハリーファ・ビン・ザーイド・アール・ナヒヤーン殿下（アブダビ首長）。連邦国民評議会、首相はムハンマド・ビン・ラーシド・アール・マクトゥーム殿下（副大統領、ドバイ首長）である。

歴史　紀元前 3000 年頃にさかのぼる居住痕が存在、7 世紀にイスラム帝国、次にオスマン・トルコ、ポルトガル、オランダの支配を受けた。18 世紀にアラビア半島南部から移住した部族が現在の UAE の基礎を作った。1853 年、英国は現在の北部首長国周辺の「海賊勢力」と恒久休戦協定を結び、以後同地域は休戦海岸と呼ばれる。1892 年に英国の保護領となった。1968 年に英国がスエズ運河以東撤退を宣言したため、独立達成の努力を続け、1971 年 12 月、アブダビとドバイを中心とする 6 首長国（翌年 2 月ラアスルハイマ首長国が参加）が統合してアラブ首長国連邦を結成した。

経済　石油・天然ガス、建設、サービス、名目 GDP4211 億ドル、一人当たり名目 GDP43,103 ドル、GDP 成長率-0.25%、物価上昇率-1.93%、失業率 2.35%（2019 年世銀）である。輸出 3159 億ドル、輸入 2679 億ドル（2019 年 UNCTAD）である。主要輸出品目は原油、天然ガス、原油製品、再輸出品（金、電化製品等）、主要輸入品目は自動車、機械、電化製品である。天然資源依存型経済から脱却した経済発展のため、豊富な石油収入を背景に活発な投資を行い、製造業やサービス業等の産業多角化を推進する。ドバイは商業・運輸・物流のハブとして発展した。エミレーツ航空は世界の 150 都市以上に運航する。石油生産量は 399.8 万 B/D（2019 年 BP 統計）である。1995 年に UAE は ODA 卒業国となった。

---

[15] 外務省「アラブ首長国連邦（UAE）」2023 年 8 月 4 日アクセス
https://www.mofa.go.jp/mofaj/area/uae/data.html

外交・国防　欧米諸国、アラブ・イスラム諸国、アジア諸国等と穏健かつ協調的な外交を展開する。1981年5月設立のGCC（湾岸協力理事会）加盟国との関係を基軸とした現実的な外交を推進する。2020年、イスラエルと国交正常化した。

7つの首長国　アブダビ、ドバイ、シャルジャ、アジュマーン、フジャイラ、ウルアルカイワイン、ラスアルハイマ。<u>**アブダビがUAEの石油のほとんどを有する**</u>。

7首長国とも絶対君主制

　UAEは7つの首長国の連邦国家である。政治体制は7首長国とも絶対君主制である。ドバイの首長は代々**マクトゥーム家**から輩出されている。ドバイ政府では首長が執行評議会の補佐を得つつ政策決定する。執行評議会は各長官等のメンバーで構成され、議長は首長の次男、副議長は首長の叔父（民間航空庁の長官でエミレーツグループ総裁）である。ドバイの経済開発で重要な役割を果たすのは政府系企業群である[16]。

2. ドバイの観光開発の経緯：ドバイショック前
ムハンマド首長が自由経済の場を提供する国家戦略を採用

　2006年3月、世界中の建設用クレーンの2～3割が、埼玉県ほどの広さのUAEに集まっていると言われ、UAEは国中建設中だった。世界の高級ホテルがほぼ出そろっていた。ドバイは歴史ある中継貿易港地で、ハブ港湾、ハブ空港を造り、自由貿易区や金融市場を育て、地域のビジネスセンターになった都市国家である。ドバイは産油国ながら埋蔵量は少ない。石油資源にあぐらをかかず、自由な経済活動の場を提供し、<u>国外から人、モノ、カネを呼び込む国家戦略を採用する</u>。2006年当時、ドバイの<u>**石油収入はGDPの6%**</u>で、観光収入を下回る。人工港湾のジュベル・アリ港を持つドバイはコンテナ扱い高で世界トップ10に入る。ドバイ空港を拠点とするドバイ国営のエミレーツ航空は1985年にリース機2機で発足した。2006年には50数ヶ国に乗り入れていた。収益率で世界2位にのし上がり、ボーイングとエアバスの新鋭機を大量発注して業界を驚かせ

---

[16] 国際臨海開発研究センター「ドバイの経済活動」2022年4月7日アクセス
https://ocdi.or.jp/pdf/75_kaigai04.pdf

た。日本とは関西国際空港と毎日結び、同年6月から中部国際空港にも入る。同航空の乗員の国籍は100ヶ国を超える。

　ドバイのCEOはムハンマド首長である。同年1月に長男の死でUAEの首相も兼ねるドバイの首長になったが、皇太子時代から国家戦略を主導してきた。ドバイは君主制で民主制ではないが、経済を開放し、グローバル化を目指す[17]。

貿易新拠点から経済特区へ、他の中東国家も模倣

　2006年8月、ドバイは全産業分野で**世界ナンバーワン**を目指す方針を掲げた。ナンバーワン戦略を象徴するプロジェクトがジュベル・アリ港南の砂漠で、総工費約330億ドル（約**3.8兆円**）で進行していた。2007年から2015年にかけ建設する**商工住複合都市**「ドバイ・ワールド・セントラルシティ」である。完成後の人口は約75万人と、独フランクフルトやスウェーデンのストックホルムを上回る大都市が生まれる。プロジェクトリーダーを務めるドイツ出身のローランド・ジベル氏は「物流など各分野のプロが意見を出し合い、事業に必要な機能をすべて積み上げた。他の国は真似できない理想的な都市になる」と述べた。4500メートル滑走路6本を持つ世界最大の「ワールド・セントラル国際空港」を核に物流、商業、住宅からゴルフ場まであらゆる施設を備える。空港の旅客受け入れ能力は年間1.2億人、貨物は1200万トンで、それぞれ世界最大の米アトランタ、メンフィスの両空港を抜く。特に貨物施設はドバイ国際空港の10倍の規模で、空路貿易を一気に拡大できる。空港とジュベル・アリ港を140キロの保税専用道路で結び世界初の海空一体<u>フリーゾーン（経済特区）</u>を形成する。欧州、東南アジア、アフリカの中継貿易を担う一大拠点を目指す戦略である。中東はかつて<u>東西を結ぶ香辛料貿易で巨万の富</u>を得たが、<u>新大陸発見を機に貿易の中心が大西洋に移り</u>衰退した歴史がある。中継貿易を得意とするドバイの新拠点は、数世紀ぶりに中東を国際貿易の表舞台に引き戻す可能性がある。2003年のドバイの中継貿易による輸出（再輸出）額は377億ディルハム（約1.2兆円）と、石油を除く輸出額66億ディルハムを上回る。ドバイは貿易以外の観光、金融などを中心に事業の多角化も急ぐ。一方、ドバイの経済戦略の

---

[17] 2006/03/27 日本経済新聞　朝刊5頁「米国を揺るがした首長国——ドバイは中東を変えるか（核心）」

成否を見守ってきた中東諸国の多くがドバイの発展に驚き、相次いで同じ路線を歩み始めた。同じ UAE のシャルジャ、アジュマーン、バーレーン、クウェート、オマーンなどがフリーゾーンを開設した。現地紙によると、原油収入に依存していたアブダビも 40 億ディルハム（約 1280 億円）を投資し、経済特区「オイル・アンド・ガス・シティ」の建設を決めた。この頃、ドバイは人口急増に住宅供給が追いつかず、不動産価格を中心にインフレ率は 2 桁近いとみられる。進出企業がコスト高をきらい、周辺国に流れる可能性も指摘されている[18]。

表1：ドバイの主要開発プロジェクト

プロジェクト	建設年	内　容
ドバイ・ワールド・セントラル・シティ	2007 年～	空港、物流、商業、住宅、科学、リゾートなどの複合都市
ドバイ・フェスティバル・シティ	2006～2013 年	ショッピング、娯楽、学校、ゴルフ場、会議場、ホテルなどの複合開発
ザ・パームス	2006～2008 年	マリーナ、ウォーターテーマパークなどを備えるペルシャ湾のリゾート島
ドバイランド	2007～2018 年	カーレース場や世界最大のホテル街を備える 200 以上のプロジェクトのテーマパーク
バージュ・ドバイ	2008 年	世界最高層のビル、8 棟の高級ホテル、ショッピングモールなどの一体開発
ドバイ・ウォーター・フロント	2010～2016 年	アブダビ区域寄りのウォーターフロント開発
スノードーム	2008 年	スチール製のドームで人口の山の周りをスキーロープが走る

出典：2006/08/18 Fuji Sankei Business i. 14 頁「【疾走するドバイ　世界に挑む中東の小国】（中）ナンバーワン戦略」

---

[18] 2006/08/18 FujiSankei Business i. 14 頁「【疾走するドバイ　世界に挑む中東の小国】（中）ナンバーワン戦略」

日系企業、ドバイ進出

　2007年4月、ドバイ政府観光・商務局日本代表のグレン・ジョンストン氏は産経新聞の取材に対し「ドバイは外国人が8割を占め、ホテルではお酒も飲める自由な国際都市だ。観光は国づくりの重要な役割を果たす。原油事業がGDPの7％に対し観光業は25％である。文化交流を求める日本人の団塊の世代にもアピールしたい。フリートレードゾーンでは利益をすべて本国に送金することもできる。環境、エネルギーや研究開発型の企業を誘致したい」と述べた。2000年代に日本企業のドバイ進出が相次いだ。総合商社、メーカー、流通、ホテル、100円ショップの**ダイソー**、**イエローハット**と多岐にわたる。2008年秋にビジネスの中心地に57階建ての「ホテル**JAL**タワー・ドバイ」（486室）がドバイ初の日系ホテルとして開業される。イエローハット広報課は、気温が高くタイヤやオイルなどの消耗が激しいので富裕層の需要が取り込めると述べた。**松下電工**は1997年にドバイの自由貿易区に進出した。ヘアドライヤーや血圧計などを販売し、UAEでの売上高は10億円（2005年）だった。松下電工広報部は「ドバイは一人あたりGDPが高く、若年人口が急増している」と述べた。経済産業省の中東室は「ドバイは建設ラッシュで**三菱商事**が地下鉄を受注するなどインフラ建設でも日本の商社が活躍している。<u>ドバイ経済はアブダビからのオイルマネーが支え</u>ており、中東のビジネス首都」と述べた[19]。

ドバイ、外資系企業に関税と所得税なし

　2007年5月、中東の産油国地域ではドバイを中心に想像を絶する規模の豪華な開発が進行していた。この発展は石油に依存したものではない。膨大なインフラ投資による環境整備などで世界の多国籍企業が進出している。全人口のうち外国人が90％近く、60％はインドを中心とする南アジアからの移民である。イスラム文化を押しつけず、外国人が暮らしやすい。この自由な経済環境を求めて、世界中から人と知識と富が集積しつつある。<u>選挙で首長が選ばれる民主主義国家では真似できない</u>大胆な挑戦である。欧州から近く、インドから3時間の距離である。とりわけ米国同時多発テロ以来、欧米に

---

[19] 2007/04/04 産経新聞　大阪夕刊　8頁「ドバイ　中東の"ビジネス首都"　滞在型の高層ホテルが人気」

向かっていた資金がドバイに投資され、一大国際金融センターとなっている。しかし日本の金融機関の存在感は全く無い。日本の金融機関はこのような国際的動向から決定的に取り残されている。世界の多国籍企業は無税の場所を求めて、本社を続々と移転する。この動きが進展した暁には、先進国の税収の大幅減少が予想される。この規模での国家間競争が進んでいる[20]。

石油埋蔵量残り20年、アルマーニホテル等高級路線に特化

　2007年11月、ホテル経営などを行うジュメイラ・グループのレイラ・シャリフ氏は「石油埋蔵量は残り20年ほどと言われ、観光は将来の国造りに欠かせない」と述べた。2000年にできたホテル「ブルジュ・アル・アラブ」は高さ321メートル、船の帆のような外観で、英旅行専門誌が「7つ星ホテル」と絶賛し、流行に敏感な欧米の富裕層をひきつけ、ドバイ人気のきっかけとなった。ブルジュ・アル・アラブが立つペルシャ湾沿いに様々なホテルが立ち並ぶ。「マディナット・ジュメイラ」は古代の街を模したテーマパークのような建物の高級ホテルである。伝統的な意匠が施されたホテル、入り組んだ市場を再現したショッピングエリア、張り巡らされた水路などアラブの風情を満喫できる。ドバイ政府観光・商務局のグレン・ジョンストン氏は「ドバイ人は『世界一』が大好き。ドバイは半年後に大きく変化している街」と言う。春の競馬「ドバイ・ワールドカップ」の賞金総額600万ドル（約6億円）は世界最高額である。数十のホテルやゴルフ場などを備えたテーマパーク「ドバイランド」の建設が進む。ドバイでは石油が発掘された1960年代以降、貿易港の整備や様々な優遇措置で外国企業を誘致した。中東諸国から資金と労働力が流入し、ホテルや人工島の建設が24時間続く。ドバイに来る日本人観光客は増加していた。同局日本事務所によると、2006年の日本人訪問者数は8万1346人で前年比37%増、特に30歳代前後の女性同士、新婚旅行客が伸びた。世界最高層を目指してドバイに建設中のビル「ブルジュ・ドバイ」に伊デザイナー、ジョルジオ・**アルマーニ**が手がけた高級住居がある。同月、アブダビでミラノコレクション主催団体と連携し、初の大規模なアブダビ・ファッションウィークが開かれた。欧米の高級ブランドはこぞってドバイやアブダビに進出している。ドバイはオイルマネーを

---

[20] 2007/05/24 日本経済新聞　朝刊19頁「ドバイの挑戦（大機小機）」

背景に増加するイスラム系富裕層の買い物の場でもある。イスラム圏の女性向けにデザインした限定商品を出すブランドもある。2006 年にファッション誌「エル」の中東版が創刊され、欧米ブランドの広告が多く載る。またショッピングセンターに置かれた再開発地域の模型には<u>ワンルーム 100 平米の物件が約 4600 万円</u>で売り出されていた[21]。

清水建設、大成建設など日本のゼネコンが受注

　リーマンショック前の 2007 年、ドバイは開発ラッシュだった。アブダビ側でドバイ・ウォーターフロントまで、シルジャ側でパーム・デイラまでに集中していた。顕著なのは海岸沿いでナキール社（Nakheel：バイ・ワールド・グループ）が手がける 5 つの人工島群である。アブダビ側からドバイ・ウォーターフロント、パーム・ジュベル・アリ、パーム・ジュメイラ、ザ・ワールド、パーム・デイラと並ぶ。特に「パーム」という人工島はヤシの木と葉の形をした島とその周囲を円形に取り囲む島の形である。ザ・ワールドは世界地図の形をした人工島群で陸地とは接していない。すべての人工島が建設中で、一番先行していたのが「パーム・ジュメイラ」だった。このジュメイラで、**大成建設**が海底トンネルなどの土木工事と、人工島とつながる海岸の大規模建築工事を受注した。**清水建設**は「ドバイ・マリーナ・アパートメント」という約 1000 戸、延べ 46 万平米のマンションを建設していた。シルジャ寄りのパーム・デイラで浚渫・埋め立てが行われていた。**五洋建設**がそこで 2006 年 7 月末からオランダのコントラクターバン・ノード社のもとで浚渫船やホッパーバージ船を稼働させていた。さらに 6 本の滑走路を持つ第 2 の新国際空港となるジュベル・アリ国際空港、大規模テーマーパークのドバイランド、ドバイ国際空港ターミナル 3 など、進行中の大規模開発が多数あった[22]。

3.ドバイの韓国開発の経緯：ドバイショック後
債務 8 兆円、絶対君主制国家なので秘密だらけ

　リーマンショック後の 2009 年 12 月、ドバイショックに陥り、ドバイ政府系企業は巨額債務にあえいでいた。ドバイショックは世界の金融市場を混乱に陥れた。ドバイ政

---

[21] 2007/11/20 東京読売新聞　朝刊 36 頁「[Life and Style] アラブ首長国連邦　砂漠の桃源郷ドバイ」
[22] 2007/11/26 建設通信新聞 1 頁「連載・中東市場——光と影(3)」

府は財政責任者シェイク・アハマド議長名でアブダビ政府から100億ドル（8900億円）の資金支援を受けると発表した。ドバイ政府系開発会社ナキールの債券が満期を迎える当日の綱渡りの資金繰りだった。しかし融資に至る経過は平坦ではなかった。ドバイ政府と金融機関が初交渉に臨んだ日、ドバイの超高層ホテルの一室で激しいやりとりがあった。事情通によると、HSBCなど英4銀行と中東の2銀行の代表が「リストラの対象に健全資産も加えるべき。不良資産だけでは話にならない」と、借金返済延期の見返りに優良資産の売却を求めた。アブダビの助けでドバイは最初のヤマを越えたが、ドバイ全体が抱える債務は計800億ドル（約8兆円）に達すると見られた。

　ドバイが巨費をつぎ込んで進めた人工島などの大規模プロジェクトに多くの日本企業も参入していた。ドバイショックを引き起こした政府系投資会社「ドバイ・ワールド」傘下のナキールが手がけた人工島「パーム・ジュメイラ」は進捗率7割程度だった。島内には**丸紅**が受注し、シンガポール企業が運営するモノレールが走る。ただし駅はまだオープンしてない。2011年開業予定の駅ビルは基礎工事の途中で放置され、取り付けの道路もできていなかった。建設会社は撤退した。ドバイには同様の人工島プロジェクトが他にも3ヶ所で進む。人口を上回る200万人を移住させる構想を掲げていた。内陸では町中にクレーンがぶら下がったままの高層ビルが目立つ。**世界最大のテーマパーク「ドバイランド」**の広大な予定地には、入場ゲートだけが立っていた。ホテル建設に携わっていた人には、ドバイに仕事がなくなり転職して130キロ先のアブダビに通勤している人もいる。パリの凱旋門を彷彿させる巨大ビルにある金融特区「DIFC」で邦銀幹部は「ドバイワールドからもらったのは未だにプレスリリース1枚だけ。何が起きているのか説明もない」と述べた。ドバイワールドへの**融資額は三菱東京UFJ銀行600億円、三井住友銀行200億円、みずほコーポレート銀行100億円程度**とみられる。ドバイが返済延期を求めていた260億ドルと各行の融資に関する情報収集は難航した。ゼネコンでは、**清水建設**がパーム・ジュメイラで高級コンドミニアム建設工事を2006年に約540億円で受注した。**大成建設**はナキールから人工島と岸をつなぐ海底トンネルやホテルの建設工事を請け負い、高層ビルなども建設中だった。日本企業で作るドバイ商工会議所の「経済危機対策委員会」や現地の領事館は情報収集やドバイ政府への陳情で連携を強めた。日本企業は結束して債権回収に当たるが、関係者の一人は「首長による絶対君主制を敷くドバイは完全なトップダウンで物事が決まり、厚いベールの向こ

う側はうかがい知れない」と言う。ドバイには透明性が無い。ドバイ政府本体から発注され、**三菱重工業、三菱商事、大林組**などが手がけた鉄道は同年9月に開業したものの、工事代金は一部**未払い**だった。政府や関連会社を含めた債務の全容は不明だった。

　ドバイショックは中東との取引関係が深い欧州にも広がっていた。国際決済銀行によると、海外金融機関によるUAE向け債権は2009年6月末で1126億ドル（約10兆円）、うち8割弱が欧州の金融機関の分で、英国が495億ドルと突出していた。オイルマネーで潤っていた中東への投融資は独仏を含め、欧州勢が力を入れてきた。欧州のUAE向け債権額は3年前（2006年）の倍以上だった。このためドバイショック直後に欧州の銀行株は軒並み急落した。ドバイ政府は2009年11月にドバイワールドとナヒールに対する計260億ドルの債券や融資の返済延期を求めた。これを機に新興国やドバイと関係が深い欧州の金融機関の信用不安が高まり、外国為替市場では<u>ドバイと比較的関係が薄い日本の円が急騰</u>、一時14年4ヶ月ぶりの円高水準となる1ドル＝84円台をつけるなど、世界の金融市場は混乱した[23]。

ドバイのメガプロジェクトの工事中止と完成

　ドバイでは2008年末までに950億ドル（約**8兆7500億円**）規模のニュータウン「ジュメイラ・ガーデンズ」や280億ドル（約**2.6兆円**）規模の高さ1キロの超高層ビル「ナキール・ハーバー＆タワー」が計画されていた。1539室の超大型高級ホテル「アトランティス・ザ・パーム」は観光地となった。人工島パーム・ジュメイラは、計画された3島のうち1島しか完成していなかった。世界地図の形をした約300の人工島群「ザ・ワールド」も完成にほど遠い状態だった。640億ドル（約**5.9兆円**）規模の巨大テーマパーク「ドバイランド」は一時開発中止となった。市場調査の専門家らの推計によれば、UAEの開発計画の45％にあたる5820億ドル（約**54兆円**）相当の計画がリーマンショックを受けて一時中止となった。しかし、以前から進められていた開発の中には完成したものも多い。例えば住居2万戸、事務所5万戸、来客用宿泊施設3500室、レストラン100店、ショッピングセンター2つが入った複合施設「フェスティバルシティ」など

---

[23] 2009/12/21 東京読売新聞　朝刊3頁「［スキャナー］未完の巨大計画　ドバイショック現場を歩く」

である。2005年にオープンした複合施設「モール・オブ・ジ・エミレーツ」も観光客に人気で、世界最大の室内スキー場「スキードバイ」も擁する[24]。

タイガー・ウッズ・ドバイ解散

　2013年7月、アラビアンビジネス・ドットコムによると、米ゴルファーのタイガー・ウッズとドバイホールディングス（HD）のゴルフリゾート「タイガー・ウッズ・ドバイ」プロジェクトが解散した。コースデザインとプロモーション活動の対価としてウッズに5540万ドル（**55.4億円**）が支払われたようだ。2010年1月、ドバイHDの一社、ドバイ・プロパティグループがゴルフコースとヴィラの工事一時中止を明らかにし、「引き続き、様子を見る。プロジェクトが再開した際、工事開始が決断される」と述べた。開発業者は進行中の計画に対して他の方法を模索していたが、ウッズと一緒にやることはないと言う[25]。

4. ドバイショックから回復し開発ラッシュ
タイガー・ウッズとトランプ財団、ドバイにゴルフコース計画

　2014年12月、ゴルフコースをデザインした経験のあるウッズは、トランプ財団がドバイで運営する予定の新コース（18ホール）のコースデザインを担当する契約を結んだ。新コース名は「ザ・トランプ・ワールドゴルフクラブ・ドバイ」である。ドバイを拠点とする不動産開発会社DAMACプロパティーズが人工リゾート都市「アコヤ・オキシジェン」内に建設する。2017年中にオープン予定で、建設に向けた準備が進んでいた。14度メジャー優勝し元世界ランキング1位のウッズは米国とメキシコでゴルフコース開発に携わってきた[26]。

---

[24] 2010/01/05 AFPBB NEWS/AFP通信「「ブルジュ・ドバイ」だけじゃない、ドバイ「メガプロジェクト」の歴史」
[25] 2013/07/24 パーゴルフPLUS「タイガー・ウッズドバイが中止に！」2021年5月15日アクセス https://www.pargolf.co.jp/tour/close-up/101871
[26] 2014/12/11 GDOニュース「タイガー・ウッズ、ドバイの新コースをデザイン」2021年5月15日アクセス https://news.golfdigest.co.jp/news/pgaofcl/pga/article/54532/1/

不動産業と観光業で開発ラッシュ

　2014年9月、ドバイで巨大商業施設の開発が相次いでいた。世界最大級のドバイモールを運営する政府系不動産最大手エマールはモール部門の新規株式公開（IPO）手続きに入った。調達資金で施設を拡充する。政府系持ち株会社ドバイHDは世界最大のモールを建設する。2020年にドバイ万国博覧会を控え、人口流入や訪問客の増加を目指す。エマールはモール事業を担う傘下のエマール・モールズ・グループ（EMG）株を同年10月にドバイ金融市場に上場すると発表した。2009年のドバイショック以降で最大のIPOになる。一時は逃避した投資家が再びドバイの不動産や観光業に関心を持っていた。EMGは同年6月に7.5億ドル（約**795億円**）の**イスラム債**（スクーク）を発行したばかりであった。2016年にかけて旗艦店のドバイモールを拡張する。同モールは総賃貸面積約34万平米の巨大な商業施設で、2013年に約7500万人が訪れた。業績好調でEMGのモールに入居するテナントの総売上高は2013年の前年比27%増の159億8600万ディルハムに達した。EMG自体の売上高も23億9500万ディルハムで同23%増加した。同年1－6月期のテナント総売上高は前年同期比18%増の97億7300万ディルハムだった。ドバイのムハンマド首長は「**ドバイを文化、観光、経済のハブに変革させる**プロジェクト」とモール・オブ・ザ・ワールド計画を発表した。酷暑のドバイで全長7キロメートルに及ぶショッピングストリートに街ごと空調を効かせる全天候型の大規模開発である。この計画では隣接してホテルや劇場、テーマパークも建設する。手掛けるドバイHDは向こう10年で1年当たり25億ディルハム（約720億円）前後の事業費を見込む。中東経済誌MEEDは、ドバイで進行中の13の商業施設プロジェクトの投資額合計は27億ドル以上と試算する。供給過剰を気にしない各社の強気の背景は、人口増と経済成長による消費市場拡大にある。ドバイ当局は2020年にかけて人口が年7%程度増え、5%前後の経済成長が続くと予測する[27]。

---

[27] 2014/09/11 日経産業新聞5頁「ドバイ、モール開発に沸く、20年万博控え消費増見込む――エマール、上場資金で拡張、ドバイHD、世界一、全長7キロ。」

原油相場の影響を受けにくい観光開発ラッシュ

　2016年8月、ドバイからカタールの首都ドーハまで、湾岸諸国は競って観光開発に投資していた。湾岸諸国は**将来的に石油・ガス収入が減る**という見方で一致している。湾岸諸国でのテーマパーク建設は、原油相場の変動を受けにくい産業の開発を進める各国政府の幅広い計画の一環である[28]。

大規模レジャー施設は政府または政府関係企業が運営

　2016年にUAEで大規模テーマパークなどレジャー施設開業が相次ぎ、ドバイ万博が開催される2020年までにさらに多くの施設が開業する見込みとなった。レジャー産業は外国人観光客を狙って急拡大している。比較的小規模な施設として、オペラ劇場や熱帯植物園、砂漠文化体験施設なども開業した。2017年以降も多くの施設の開業予定がある。その多くは政府または政府関係企業に運営される。ドバイは2020年までに年間2000万人の外国人誘致を目標に掲げる。アブダビは経済多角化のための重点セクターの1つに観光を挙げている。マスターカードが発表した2016年の「イスラム教徒に人気の旅行先国」で、UAEはマレーシアに次いで総合2位であるが、買い物や名所旧跡、自然・野生動物、ビーチなど観光アクティビティが充実した家族旅行者向け観光地が評価する項目で34位と低い。しかし「イスラム教徒の買い物旅行先として人気の都市を示す指標」で2015年にドバイが1位、シャルジャ首長国が10位となった。そのためUAEへの旅行目的は買い物が中心だろう。周辺各国で新たなショッピングモールが多数建設され始めた。ドバイは特にレジャー施設による外国人観光客拡大を目指すので、米フロリダや豪ゴールドコースト、シンガポールなどを先行都市として参考にできる、と専門家は言う。例えば、ゴールドコーストは大型テーマパークだけでなく、美術館や子供用遊戯施設など様々な小型施設も整備することで、豪国内の日帰り観光客、宿泊観光客の平均宿泊数のどちらも伸びた。UAEの人口は958万人と、オーストラリアの約2400万人に比べて少ないが、4時間のフライト圏内に30億人が住む。UAEのレジャー施設が周辺国を中心に外国人観光客を呼ぶと期待される[29]。

---

[28] 2016/08/23 ウォール・ストリート・ジャーナル日本版「原油離れする湾岸諸国、テーマパークに熱い視線」
[29] 2017/01/16 通商弘報「レジャー産業、海外観光客の誘致を狙い急拡大（ドバイ発）」

5. まとめ

本章では、ドバイの観光開発を考察し、次の点を明らかにした。

第1に、ドバイは**絶対君主制**なので、選挙で首長が選ばれる民主主義国家では真似できない大胆な施策ができる。ドバイのムハンマド首長が自由経済の場を提供する国家戦略を採用している。ムハンマド首長が皇太子時代から国家戦略を牽引してきた。ドバイはあらゆる産業分野で世界ナンバーワンを目指す。ドバイ経済は地下資源が乏しいのでこの国家戦略に踏み切った。アブダビのオイルマネーあってこその国家戦略なので、オイルマネーの無い国は模倣できない。

第2に、中東諸国はドバイの発展に驚き、相次いで同じ戦略をとり始めた。シャルジャ、アジュマーン、バーレーン、クウェート、オマーンなどがフリーゾーンを開設した。供給過剰に陥り、実力ある国家だけが生き残るだろう。

第3に、2007年時点でドバイの100平米の新築物件が約4600万円だったことから、2007年前後はまだまだ東京の新築物件の方が高かったことが分かる。

第4に、リーマンショック後の2009年12月、ドバイショックに陥り、ドバイ政府系企業は巨額債務を背負った。ドバイ政府はアブダビ政府から100億ドル（8900億円）の資金支援を受けた。ドバイショックの際、絶対君主制国家なので秘密だらけということが露見した。工事代金は一部未払いだった。アブダビの豊富なオイルマネーがあるからで、多くの国や会社ではこの額の借金の返済は難しいだろう。

第5に、有名人との企画として、タイガー・ウッズ・元米大統領トランプ氏の財団とドバイにゴルフコース計画を発表した。ドバイは世界一派手な演出をする国だと筆者は考える。そのため有名人とのコラボ企画で、より派手に、より目立つように、より報道されるように**広報戦略**を実施していると推察できる。

2007年にドバイの石油埋蔵量は残り20年ほどと言われていた。2024年現在、17年経過し、ドバイの石油埋蔵量はどうなっているのか。ドバイの派手さを考えると、ドバイ進出をお祭りやイベントに参加するような錯覚に陥る人がいるのではないか。観光事業やレジャー事業は、仕事なのに遊びの要素が目立ち、その結果、甘い気持ちで参入する人が多いと筆者は感じる。

第3章　ドバイのテーマパーク開発

1. はじめに

　本章では、ドバイのテーマパーク開発の経緯を考察する。ドバイでは巨大プロジェクトの一施設として多数のテーマパークが計画され、実際にいくつか開業している。

2. ドバイのテーマパーク開発の経緯

マジックワールド、総事業費7.5億ドルが計画中止

　ドバイのテーマパーク計画は1990年代後半に始まっていた。1999年10月、UAEのガルフ・ニューズ紙によると、ドバイのアフマド・ビン・サイード・アル・マクトゥーム民間航空庁総裁（兼エミレーツ航空会長）は、ドバイが進めていた大規模テーマパーク「マジックワールド」建設計画を当面の間凍結すると発表した。1998年の原油価格低迷や貿易相手国のアジア諸国やロシアの経済危機などが背景とみられた。マジックワールドはフランスのユーロディズニーなどに対抗して周辺諸国の観光客誘致を目指して企画された。ドバイ郊外に約120haの用地を確保した。300室のホテルやレストランなどを含めた総事業費は7.5億ドルで2001年末のオープンを予定していた。建設はドバイ民間航空庁などで、米エンジニアリング大手のベクテル社が協力する。アフマド総裁は「市場が好転すれば計画を再検討する」と言う。ドバイはアジアと旧ソ連、中東・アフリカなどを結ぶ中継拠点として多くの物資が集まり、湾岸各国だけでなくロシア、ウクライナなどからの観光客で賑わっていた。しかしアジアやロシアで経済危機が起きてからは客足が遠のいていた[30]。

ユニバーサル・スタジオ・ドバイ22億ドルで計画発表

　2007年5月、米ハリウッドを拠点とするユニバーサル・スタジオはドバイに映画を主題とするテーマパーク「ユニバーサル・スタジオ・ドバイランド」を建設する、とド

---

[30] 1999/10/19 日経流通新聞 19頁「UAE・ドバイ、テーマパーク建設を凍結——昨年の原油価格低迷などで。」

バイ国営会社タトウィールが発表した。テーマパークは敷地650万平方フィート（60万3900平米）で世界最大規模となる。ユニバーサル・パークス・アンド・リゾーツはドバイ郊外の砂漠地域とテーマパークを開発する。ドバイが開発中のユニバーサル・シティー・ドバイと（USドバイ）呼ばれるプロジェクト（総額22億ドル）の中核的な位置付けとなる同プロジェクトは、4000室の高級ホテルやレストラン100店舗、小売店、オフィススペースなどを開発する[31]。

　ドバイの観光拠点「シティー・オブ・アラビア」で中東観光見本市「アラビアン・トラベル・マーケット」が開かれ、99ヶ国、約2.1万人の観光関連人材が訪れた。そこには息をして動く恐竜模型が展示された。巨大複合娯楽施設「ドバイランド」内には、シティー・オブ・アラビアのほか、2010年にUSドバイが開業する[32]。

世界最大級のSC「ドバイモール」にキッザニア

　2008年11月、ドバイ世界最大級のショッピングセンター「ドバイモール」が開業した。サッカー場50面分に相当する約83万平米の敷地に、すべて完成すれば店舗1200店、飲食店160店、子供向けの職業体験テーマパーク「キッザニア」、セガの屋内エンターテイメント施設、22スクリーンを持つシネマコンプレックス、世界最大級の水槽を持つ水族館やオリンピック基準を満たした大型スケート場などが入る。衣料や宝飾、家電などの店舗に加え、米ブルーミングデールズや仏ギャラリー・ラファイエットなどの欧米有力百貨店が進出する。中東初進出となる日本の紀伊国屋書店も大型店を構える。ドバイは年間500万人の観光客を2015年に1500万人に上げる目標を掲げていた。ショッピングを売りにするドバイにとって大型商業施設は観光客誘致の重要な要素となる。ドバイモールは年間3000万人の来訪者を見込むが、金融危機の影響で欧米などからの観光客減少が見込まれ、消費の冷え込みへの警戒が広がる中でのオープンとなった。ドバイモールはドバイの政府系デベロッパー、エマールのグループ会社が運営する。エマールが建設中の世界最高層のビル「ブルジュ・ドバイ」を中心とする開発地区にある。

---

[31] 2007/05/01 ロイター通信ニュース「ユニバーサル・スタジオ、ドバイにテーマパーク建設へ」
[32] 2007/05/05 Fuji Sankei Business i. 7頁「UAE・ドバイ　観光客、恐竜とパチッ」

開業時点で 600 店が開店、2008 年末までにさらに 300 店が営業を始める計画だった[33]。2024 年現在、キッザニア・ドバイは営業している[34]。

セガ、東京ジョイポリスをモデルにセガリパブリック開業

　2010 年 1 月、セガはドバイにアミューズメント施設を開設した。「セガ」ブランドのライセンスを現地企業に有償で提供し、セガがゲーム機の販売や保守・運営などのサポート業務を請け負う。日本市場は少子化や景気悪化で縮小傾向を強めており、中近東やアジアなど成長の見込める新興国市場を開拓する。ドバイ中心部のショッピングモール内にアミューズメント施設「セガリパブリック」を開設した。約 7000 平米のフロアにゲームや小型のジェットコースターなど約 160 種類の機器を設置した。施設の内部のデザインや機器の配置は、セガが東京都内で運営している「東京ジョイポリス」をモデルにした。2200 円程度の料金を払えば、すべての機器を自由に使える。セガは機器の販売とサポート業務を有償で請け負い、施設の売上高の一部をライセンス収入として得る。年間 80 万人程度の入場を見込む。セガが海外で大型施設を展開するのは、現地合弁会社を通じて 2005 年末に開設した中国・上海に次ぐ 2 ヶ所目である。今後は**投資負担の少ないライセンス供与**方式を活用し、他の国でも施設の開設を加速する[35]。

セガ、中東地域は未経験のため初のライセンス契約で海外進出

　セガは米国、中国、台湾でゲームセンターなどを展開しているが、「東京ジョイポリス」クラスの大型屋内エンターテイメント施設をライセンスアウト形式で出店するのはドバイが初めてである。ドバイ進出のきっかけは、2005 年に日本国内で培ってきた屋内エンターテイメント施設運営の経験とノウハウを海外で生かそうと、世界各地で市場調査を実施し、結果ドバイが有力候補として浮上したことにある。開業に携わった LBE 市場開発営業部のアントニー・ウィンストン氏は「中東湾岸諸国、特にドバイは急速に成長し、エンターテイメントに目が向く消費水準に達した。厳しい暑さのもと、屋内娯

---

[33] 2008/11/21 日経 MJ（流通新聞）17 頁「ドバイに世界最大級 SC 開業、年末にも 900 店体制に、まず 600 店。」
[34] KidZania Dubai, 2024 年 3 月 30 日アクセス https://dubai.kidzania.com/en-ae/
[35] 2010/01/01 日本経済新聞　朝刊 7 頁「セガ、ドバイに遊戯施設、モール内に開業、新興国開拓。」

楽施設の市場性が大きい」と述べた。その後、セガは現地企業との接触を開始して、強い意欲を示したエマール・モールズ・グループ（ドバイモールの運営会社）と交渉を進め、2007年8月にライセンス契約の締結に合意した。セガはアミューズメント機器の販売、メンテナンス支援、技術指導などを行い、施設の運営はエマールの子会社であるエマール・リテールが担当する。海外事業は子会社直営か合弁会社による運営を基本としてきたセガが初めてライセンス契約した理由を、ウィンストン氏は「中東地域での事業経験が全くなかったため地元に精通した企業に運営を任せ、セガがそれを支援する方が確実だと判断したから」と述べた。UAEでは外国企業の出資比率が49%以下に制限されているが、セガはリスクヘッジし、積極的にその形態を採用した。開業準備では施設のデザインや機器の選定、運営指導までセガが全面的に関与した。延べ50人の社員が日本から出張し、20ヶ国以上の技術者や労働者が工事に携わった。大きな問題はなかったが、「初めての土地でのプロジェクトで、かつ様々な国からスタッフが集まったので文化的な多様性を理解し、尊重するよう注意した」とウィンストン氏は述べた。開業から半年以上が過ぎたが、業績は順調に推移している。子供や若者、家族連れを中心に多種多様な国の人が訪れた[36]。

米コミック大手マーベルや米ワーナー・ブラザースのテーマパーク開発

　2016年8月、ドバイの財閥ガルダリ一族は10億ドル（約**1000億円**）を投じてスパイダーマンやハルクをメインに屋内テーマパーク計画を立てていた。裕福になったUAE市民を国内に引き留め、外国人観光客を呼ぶ事業の一つである。ガルダリ兄弟のイリヤス氏とムスタファ氏は1980年代に米カリフォルニア州のディズニーランドを訪問できるほど豊かな数少ない10代のUAEの若者だった。イリヤス・アンド・ムスタファ・ガルダリ・グループのテーマパーク「**IMGワールド・オブ・アドベンチャー**」はアメリカンフットボール競技場28個分の広さでドバイの砂漠に建設される。米コミック大手マーベル・エンターテイメントのヒーローに加え、テーマパークで69体の恐竜ロボット、幽霊の出るホテル等がある。ドバイの夏は摂氏38度を超えるため、0.14km²近いテーマパークは完全屋内型で、同年9月末までにオープンする。IMGはイリヤス

---

[36] 2010/05/15 ジェトロセンサー「大型屋内エンターテイメント施設を新興国で」

氏とムスタファ氏のイニシャルから取った名前である。ガラダリ一族にとってIMGワールド・オブ・アドベンチャーは「シティ・オブ・アラビア」というさらに巨大なプロジェクトの中心部分である。「シティ・オブ・アラビア」の開発面積は2km²で、内部にショッピングモールや住宅の建設計画がある。原油収入が急減する中、ペルシャ湾岸諸国はスーパーヒーローやアニメキャラクター、巨大ローラーコースターを呼び物にした娯楽施設に目を向けていた。アブダビにある巨大複合アミューズメント施設「ドバイ・パークス・アンド・リゾーツ（DPR）」の建設現場から車で1時間ほどの場所に、映画制作を手掛ける米ワーナー・ブラザースと地元投資家が10億ドルを投じてテーマパークを建設する意向を示した。これはスーパーマン、バットマン、バッグス・バニーなどワーナー映画のキャラクターを売り物にした娯楽施設である。しかもその場所にはすでにフェラーリ・ワールド・アブダビがある。建設ラッシュに沸いているが、湾岸諸国の娯楽施設は波乱含みである。ドバイに12億ドルで建設される予定だったユニバーサル・スタジオ・ドバイは2009年の金融危機で中止された。ドバイの海岸近くにあった比較的小規模な「ワンダーランド・アミューズメント・パーク」は閉鎖された[37]。

USドバイ計画中止

　2016年10月、ユニバーサル・スタジオ・ドバイ計画は正式に中止された。ドバイ・ホールディングスとユニバーサル・スタジオ・テーマパーク＆リゾートの両社によると、2008年と2009年の経済危機の後、長く延期されていたこの計画は中止された[38]。

ドバイ・パークス・アンド・リゾーツ内にレゴランド開業

　2016年12月、ドバイに映画や玩具などをテーマにした3つのテーマパークが集まる中東最大の娯楽施設がオープンした。約**4000億円**を投じて整備された「ドバイ・パークス・アンド・リゾーツ」は広さ東京ドーム60個分と中東最大規模で、3つのテーマパークとリゾートホテルなどがある。このうちレゴランドでは約44万個のブロック

---

[37] 2016/08/23 ウォール・ストリート・ジャーナル日本版「原油離れする湾岸諸国、テーマパークに熱い視線」
[38] 2016/10/27 Arabian Business「Dubai's plan for Universal Studios theme park 'scrapped'」2021年5月14日アクセス https://www.arabianbusiness.com/dubai-s-plan-for-universal-studios-theme-park-scrapped--650651.html

を使って作られた「ブルジュ・ハリファ」のミニチュアなどが設置されている。また世界初のインド映画をテーマにしたテーマパークで、鮮やかな衣装に身を包んだ役者たちによる映画のシーンさながらの歌や踊りを楽しめる劇場がある。ドバイでは室内テーマパークやオペラハウスなどが相次いでオープンしていた。2020年のドバイ万国博覧会に2000万人の観光客誘致を目指す[39]。

大規模テーマパークは政府または政府関係企業が運営

　2016年にUAEで大規模テーマパークなどレジャー施設開業が相次ぎ、ドバイ万博が開催される2020年までにさらに多くの施設が開業する見込みとなった。レジャー産業は外国人観光客を狙って急拡大している。大型施設として、ドバイにレゴランド・ウォーターパーク、モーションゲート、IMGワールズ・オブ・アドベンチャーといったテーマパーク、アブダビに「アルアイン・ズー・アンド・サファリ」などが開業した。比較的小規模な施設として、オペラ劇場や熱帯植物園、砂漠文化体験施設なども開業した。2017年以降も多くの施設の開業予定がある。その多くは政府または政府関係企業に運営される。UAEでは2008年からテーマパーク等が開業または企画されている（表1）。ドバイは2020年までに年間2000万人の外国人誘致を目標に掲げる。アブダビは経済多角化のための重点セクターの1つに観光を挙げている。ドバイは特にレジャー施設による外国人観光客拡大を目指すので、米フロリダや豪ゴールドコースト、シンガポールなどを先行都市として参考にできる、と専門家は言う。UAEから4時間のフライト圏内に30億人が住む。UAEのレジャー施設が周辺国を中心に外国人観光客を呼ぶと期待される。UAEを含む中東・北アフリカ地域のテーマパーク市場は小規模だが、2014～2019年で年平均28%の急成長が見込まれている。この成長はUAEにできる新テーマパークが牽引する。2019年には域内市場の92%をUAEが占める[40]。

---

[39] 2016/12/18 HNKニュース「UAE・ドバイ　中東最大の娯楽施設オープン　3つのテーマパークなど」
[40] 2017/01/16 通商弘報「レジャー産業、海外観光客の誘致を狙い急拡大（ドバイ発）」

表1：UAE 大型エンターテイメント来場者数予想(単位：万人)

施設名	立地	種類	開業年	入場者数
アクアベンチャー・アトランティス・ホテル	ドバイ	ウォーターパーク	2008	75
ワイルド・ワディ・ジュメイラ・ビーチホテル	ドバイ	ウォーターパーク	2009	150
ヤス島（ヤスウォーターワールド、フェラーリワールド合計）	アブダビ	テーマパーク、ウォーターパーク	2010~2013	220
ドバイパーク&リゾート第1期（ボリウッド・パーク、モーションゲート、レゴランド、レゴランド・ウォーターパーク合計）	ドバイ	テーマパーク、ウォーターパーク	2016~2017	630
ドバイパーク&リゾート第2期（シックス・フラッグス）	ドバイ	テーマパーク	2018	200
ドバイパーク&リゾート第3期（ナイトサファリ）	ドバイ	テーマパーク	2020	180
IMG ワールド・オブ・アドベンチャー	ドバイ	テーマパーク	2016	200
FOX スタジオ	ドバイ	テーマパーク	2018	200
ドバイ動物園&サファリリゾート	ドバイ	動物園、サファリ	2017	80
ドバイ・アイ	ドバイ	観覧車	2017	120
アル・アイン動物園&サファリ	アブダビ	動物園、サファリ	2016	100
ワーナー・ムービースタジオ	アブダビ	テーマパーク	2018	250
シーワールド	アブダビ	テーマパーク	2020	180
合計				2585

出典：2017/01/16 通商弘報「レジャー産業、海外観光客の誘致を狙い急拡大（ドバイ発）」

4. まとめ

本章では、ドバイのテーマパーク開発の経緯を考察し、次の点を明らかにした。

第1に、USドバイの計画が2007年に総事業費22億ドルで発表された。巨大複合娯楽施設「ドバイランド」内の一施設として計画され、世界最大の敷地面積になるはずだった。ドバイではテーマパーク単体の企画はほとんどなく、巨大な複合観光施設の一つがテーマパークである。2008年のリーマンショックと2009年のドバイショックの影響で計画が中断し、2016年に正式に中止された。

第2に、2008年に世界最大級のSC「ドバイモール」にキッザニアが計画された。さらに日本のセガの屋内エンターテイメント施設も併設された。セガは日本国内でゲームセンター需要が低迷しており、中東市場に活路を見出した。ただし中東地域は未経験のため、現地の企業とライセンス契約した。ライセンス契約はコンテンツ所有者（セガ）にとって負担が少なく出店できるため、今後ライセンス契約は増えるだろう。

第3に、2016年にレゴランドが開業した。それは総事業費約4000億円のドバイ・パークス・アンド・リゾーツ内の一施設である。レゴランド・ジャパンは名古屋市で単独施設であるが、レゴランド・ドバイは巨大複合施設の一施設である。

ドバイには、ドバイモールのような巨大な集客施設にテナントとして出店するケースが多い。このビジネスモデルでは中小規模の施設なので投資額が少なく、低リスクである。ドバイの観光開発は、テーマパークだけに絞ると少ないことが分かった。ドバイでは、いかに外国人観光客を呼べるか、そしてテーマパークに集客して集金できるか、周遊型観光に誘導できるかにかかっている。

番外編　ドバイで詐欺多発

1. はじめに

　ドバイの研究をしていて、ドバイで詐欺が多発していることに気づいた。外務省や在ドバイ日本総領事館が注意喚起するほどである。さらに2020年代になると、犯罪者がドバイに高跳びするなど、ドバイ政府の目指す姿と異なってきているようだ。本編では、注意喚起を目的に、ドバイに関する詐欺の内容とその類型を考察する。

2. 詐欺の内容と注意喚起

ジェトロが注意喚起

　2019年5月、ジェトロ・ドバイ事務所が日本人向けに注意喚起を行った。ドバイへの製品売込みや進出支援を行う一部の企業との取引において、以下のようなケースが発生している。(1)ドバイのフリーゾーンへの出店の勧誘を受け、現地パートナーの紹介等のサポートを受けられるとの前提で、出店に係る区画費用を支払って出店したものの、出店後のサポートが受けられない。(2)UAE政府の認可を受けたハラール認証団体と称する企業から、UAEでのビジネス展開に必要となるハラール認証を得られるとの勧誘を受け、同企業と契約を締結し同認証取得に係る費用を支払ったところ、実際にはUAE政府の認可を受けていなかった。進出支援を行う企業の中には、実際には公的機関(ジェトロや在外公館)からの支援等を受けていないにもかかわらず、公的機関から支援を受けているかのようなPRをする、自社を介さないと当地への企業進出が困難であることを暗示する等の手法がある[41]。

在ドバイ日本国領事館が注意喚起

　2021年5月、在ドバイ日本国総領事館が日本人向けに注意喚起を行った。ドバイ等で発生していると見せかけて、実際の犯行は日本国内で行われていることが強く推認さ

---

[41] ジェトロ「ドバイ進出支援を行う企業の勧誘について(注意喚起)」2024年3月29日アクセス https://www.jetro.go.jp/jetro/overseas/ae_dubai/info/20190512.html

れる詐欺被害が多発している。同領事館に日本に住む日本人から、「ドバイ」「アブダビ」「UAE」などで発生していると騙る詐欺被害の相談、報告が相次いでいる[42]。

ドバイに関する詐欺の4類型

2021年1月、在ドバイ日本国領事館がドバイで日本人が多く被害に遭う詐欺の内容を公開し、注意喚起した。ドバイでの詐欺の4類型は、(1)金融機関騙り詐欺、(2)<u>**王族・政府高官騙り**</u>詐欺、(3)高利商取引詐欺、(4)<u>ロマンス</u>詐欺である。特徴的な詐欺は、ドバイ王家、王族、政府高官、彼らの知人や親戚を名乗り、「遺産を相続したい」などと言うことである。Facebookで友達申請が来て、友達になると、ドバイの王族が交際や結婚を申し込んでくる。そして日本に行くための渡航費、VISA申請費、滞在費等を振り込んでほしいと言う。ドバイにおける詐欺に共通する特徴は、きらびやかな印象を利用し、「ドバイ」「UAE」などの名前を出し、日本国内では騙されないような突拍子もない内容を利用する。詐欺師は「射倖心[43]」または不安を煽って、冷静な判断ができない状況に追い込む[44]。

外務省が注意喚起

2023年10月、外務省がドバイの行政手続等で利用されている「UAE PASS」を悪用した詐欺が横行していると注意喚起した。「UAE PASS」(以降、同パス)の仕組み上、携帯電話番号を入力すれば、誰でも他人の同パスの認証要求画面を遠隔で起動することができる。自身で操作していないにも関わらず、同パスの認証要求画面が突然表示され、その直後に電話が架かってくる。ドバイでは様々な手口の詐欺が横行している。同パスはUAE政府が承認したデジタルIDで、政府機関や一部の民間企業で利用されている。同パスのアプリケーションをダウンロードし、登録時にエミレーツID番号、携帯電話番号、メールアドレス、顔認証、指紋登録を行うと登録完了する。登録後、同

---

[42] 外務省「【注意喚起】ドバイ等の地名を利用した詐欺で日本在住者の被害が多発！」2024年アクセス https://www.anzen.mofa.go.jp/od/ryojiMailDetail.html?keyCd=112333
[43] 射倖心(しゃこうしん):苦労せず成功したい、努力せず儲けたい、楽して稼ぎたいと願う心。すべての詐欺は射倖心をついてくる。
[44] 在ドバイ日本国総領事館「詐欺被害防止のために〜資料編〜」2024年3月29日アクセス https://www.dubai.uae.emb-japan.go.jp/files/100525299.pdf

パスによるサービスを提供している機関や企業のウェブサイトやアプリにユーザーIDやパスワードを入力することなく、顔認証や指紋照合のみでログインできる。公的書類の取り寄せ、各種申請手続が電子上で行える[45]。

3. 犯罪者の逃亡先としてのドバイ

　ドバイは、犯罪者が逃亡先に選ぶのかも知れない。有名な犯罪者として次の2人が挙げられる。

　2022年3月、「紀州のドン・ファン」として知られる資産家の野崎幸助氏を殺害したとされる元妻の須藤早貴被告は、野崎氏の遺産を持ってドバイに転居しようとしていたと報じられた[46]。

　2023年6月には、東谷義和容疑者（元参議院議員でYoutuber「ガーシー」）は芸能人ら3人を常習的に脅迫したとして警視庁に逮捕された。同容疑者は日頃から「アラブの王族と知り合い」と豪語していたという。同容疑者は王族の庇護の下、ドバイに移住していたところ、日本の警視庁に逮捕され、帰国した[47]。

4. まとめ

　本編では、ドバイに関する詐欺の内容とその類型を考察し、次の点を明らかにした。
　第1に、ドバイに関する何かを利用した詐欺を「ドバイ型詐欺」と筆者は定義する。その最大の特徴は、<u>王族を騙る詐欺</u>である。おそらく「ドバイの王子があなたを見初め、交際したがっている、結婚したがっている」と王子の家臣か政府高官を名乗る人物からFacebook 等を通して言われて本気にし、渡航費などを振り込むのだろう。普通の日本人がアラブの王族の恋愛対象になるとは考えにくい。また、王族が普通の日本人に遺

---

[45] 外務省「「UAE PASS」を悪用した詐欺への警戒」2024年3月29日アクセス https://www.anzen.mofa.go.jp/od/ryojiMailDetail.html?keyCd=146127
[46] 2022/03/18 日刊ゲンダイデジタル「<171>「早貴はドバイに転居しようとしている」公衆電話の相手が売り込んだネタ」2024年3月30日アクセス https://www.nikkan-gendai.com/articles/view/geino/302683
[47] 2023/06/05 文春オンライン「「アラブの王族と知り合いやねん」ドバイで王族の庇護下に逃げ込んだガーシー容疑者（51）を逮捕した"警視庁の本気"とは《山田孝之、真剣佑アテンドのウラ側も…》」2024年3月30日アクセス https://bunshun.jp/articles/-/63369#goog_rewarded

産を相続するはずがない。政府高官が普通の日本人に直接連絡してくるはずがない。冷静になったほうが良い。

　第2に、詐欺多発と言ったら**中国**を連想する。2000年代に中国で騙されたと言う話は多かった。それが中国からドバイに移っているのではないか。

　ドバイ政府の思惑が外れて、正統派の職業で稼いだ富裕層を誘致するはずが、一部の犯罪者を引き寄せているようだ。

　筆者は2004年にテーマパークの研究を開始して20年が経過した。その間、外務省などが詐欺の注意喚起をしているケースを初めて見た。そのくらいドバイはセレブな石油王のイメージが強いらしく、憧れと羨望の対象のようだ。

第II部　アブダビ

　ドバイの成功は他の産油国に開発モデルを示すこととなり、アブダビも急速に観光開発、テーマパーク開発を進めている。アブダビはドバイと違って大量の石油資源があり、抜群の資金力を持つ。**アブダビは資源と文化**、**ドバイは物流と貿易**と棲み分けされ、**アブダビは堅実な兄**、**ドバイはやんちゃな弟**に喩えられる。

　2009年4月頃、WOWOWの経済ニュースでアブダビ投資庁のトップマネジメントが「我々はどの分野であれ『世界一』『ナンバー1』のものが欲しい。どの分野であれ『ナンバー2』のものはいらない」と言っているのを筆者は見た。つまりアブダビは**世界ナンバーワン戦略**をとる。

　ここでは、アブダビの観光開発とテーマパーク開発、フェラーリ・ワールド・アブダビ、ルーブル美術館アブダビ分館について考察する。

第4章　アブダビの観光戦略とテーマパーク開発

1. はじめに

　2001年の米同時多発テロ以降、石油取引価格が一時1バレル147ドルまで上昇したため、アブダビではその利益が観光開発の原資となった。2001年の米同時多発テロで、世界の多くの国は飛行機に乗ることを避けたため、観光業界は瀕死の状態となった。日本ではバブル崩壊後の不況が続いており、不景気にさらなる追い打ちをかけた。しかし産油国にとって、米同時多発テロ後の石油価格高騰は外貨をもたらし、巨費を投じる観光開発の資金源となった。

　本章では、アブダビの観光開発とテーマパーク開発を考察する。第1にアブダビ投資庁とオイルマネー、第2にアブダビの観光戦略と大規模開発、テーマパーク開発を考察する。

2. オイルマネーとアブダビ投資庁

　アブダビやドバイの観光開発の資金は、アブダビの豊富なオイルマネーが支えている。アビダビの政府系ファンドをアビダビ投資庁（ADIA: Abu Dhabi Investment Authority）と言う。

　政府系ファンドを英語でソブリンウェルスファンド (Sovereign Wealth Fund：SWF) といい、国家の金融資産を積極運用するファンドである。その資金源から原油やガスなどの天然資源から得た売却収入に由来する。(1)資源型 SWF は UAE やサウジなどの中東産油国やロシアなど、(2)非資源型 SWF は輸出競争力が高く豊富な外貨準備高のある中国、シンガポールなどの SWF に分けられる。その運用規模が非常に巨大なため、世界の金融市場で大きな影響を及ぼす存在になっている[48]。

アブダビ投資庁の仕事は投資と財政赤字補填

　中東の SWF は一般的に次の2つの側面、(1)安定化ファンドは不確実性が高まる時期に**財政赤字予算補填**のバッファー機能、(2)戦略ファンドは国家の投資利益の確保と経済成長への**投資**、である。政府財政当局と SWF との間での資金の流れは、その時々の事情に応じて常に変化しており、一定ではない。SWF の主な資金源は、(1)政府からの資金拠出、(2)投資収益、(3)借入金と債務証券、(4)政府から SWF への資産譲渡である。政府系投資会社（GOI）には SWF と公的年金基金（PPF）があり、これらを合わせた運用資産残高（AUM）は 32 兆米ドルに上る。SWF は投資を通じて国家戦略を支援し、将来世代の富の形成を促進し、金融市場の厚みを増大させる[49]。

アブダビ投資庁の概要

　アブダビ投資庁（ADIA）は 1976 年に財務省内で運営されていた Financial Investments Board を ADIA に改編した。ADIA はアブダビ政府に代わって長期的価値の創造という観点から政府の余剰資金を投資する。ADIA は SWF 国際フォーラム

---

[48] 野村證券「ソブリンウェルスファンド：証券用語解説」2024 年 3 月 31 日アクセス
https://www.nomura.co.jp/terms/japan/so/swf.html
[49] ジェトロドバイ事務所「中東政府系ファンドの資金フローに関する調査（2023 年 4 月）」3-4 頁 2024 年 3 月 31 日アクセス
https://www.jetro.go.jp/ext_images/_Reports/02/2023/3cc565526249989c/honbun.pdf

(IFSWF) のメンバーである。2008 年、ADIA は 26 ヶ国の SWF で構成される国際作業部会の共同議長を務め、「SWF で一般に認められた原理と慣行」（サンティアゴ原則として知られている）を発表した。ADIA のグローバルポートフォリオは専任のファンドマネジャーが運用する。AUM（運用残高）7900 億米ドル（GDP 比 188%）である。戦略 ADIA の戦略は長期的な視点と新たに生じた投資機会を捉える柔軟性を兼ね備えた分散ポートフォリオを構築することである。長期パフォーマンスは主に資産配分から生み出される。長期投資の視点を保ちつつ、新たな投資機会が出現した時に適宜機動的に対応できる柔軟かつ細分化された投資戦略を採用している。株式、債券、国債、インフラ、不動産、プライベートエクイティ、オルタナティブ資産に投資している[50]。

表 1：中東政府系ファンドの運用額ランキング

	国	名称	創設年	運用額 2013 年	運用額 2023 年
1	アブダビ	ADIA	1976	7730 億ドル	7900 億ドル
2	クエート	KIA	1953	4100 億ドル	7380 億ドル
3	サウジアラビア	PIF	1971	3480 億ドル	6070 億ドル
4	カタール	QIA	2005	1150 億ドル	4750 億ドル
5	ドバイ	ICD	2006	700 億ドル	3050 億ドル
6	アブダビ	ムバダラ	2002	560 億ドル	2840 億ドル
7	アブダビ	ADQ	2018	-	1590 億ドル
8	UAE 連邦	EIA	2007	100 億ドル	870 億ドル
9	バーレーン	マムタラカト	2006	110 億ドル	180 億ドル
10	オマーン	OIA	2020	-	170 億ドル

出典：ジェトロドバイ事務所「中東政府系ファンドの資金フローに関する調査（2023 年 4 月）」7 頁をもとに作成。筆者が 2023 年の運用額の大きさでランクづけした。2024 年 3 月 31 日アクセス
https://www.jetro.go.jp/ext_images/_Reports/02/2023/3cc565526249989c/honbun.pdf

---

[50] ジェトロドバイ事務所「中東政府系ファンドの資金フローに関する調査（2023 年 4 月）」19 頁 2024 年 3 月 31 日アクセス
https://www.jetro.go.jp/ext_images/_Reports/02/2023/3cc565526249989c/honbun.pdf

世界最古のSWFはクエートのKIA（Kuwait Investment Authority：クエート投資庁）で1953年創設である。次はサウジアラビアのPIF（Public Investment fund）で1971年創設である。3番目はアブダビのアブダビ投資庁で1976年である。それ以降、設立は途絶え、2002年から創設が続いた。2008年のリーマンショック後は設立されていない。その後、景気回復して世界的に観光ブームの2020年前後に設立されている。上記10のSWFの運用額は2013年と2023年で比較すると増加している。世界的に金融市場が大きくなってきていることが分かる。

3. 国家の観光戦略と大規模開発

ここでは、原油価格高騰とアブダビの投資対象について考察する。

「建国の父」の死後、経済多角化と経済力の誇示

2007年1月、アブダビは成長の著しい観光市場へ独自の路線での参入を目指していた。一大ショッピングスポットとして人気を集めるドバイの後追いではなく、**文化財**の宝庫という路線を打ち出したい。ルーブル美術館のアブダビ版やアートセンターなど4ヶ所の文化施設の建設がプロジェクトの目玉となる。サディヤット島が舞台となる同プロジェクトが有名建築家立ち会いのもと発表される。このプロジェクトには、ビーチリゾート開発やサディヤット島やリーム島、ヤス島の観光開発などが含まれる。2006年にアブダビを訪れた観光客は135万人だったが、観光当局は2015年までに300万人まで増加させる計画である。アブダビの観光当局は観光客の増加を見込み、ホテルの客室数を1万1500室から2015年までに2万5000室に増やす。計画の財源は豊富である。アラブ首長国連邦の1日当たり250万バレル相当の原油産出量の9割を占めるアブダビは、石油輸出国機構（OPEC）におけるUAEの地位を支えている。しかし2004年11月に建国の父で初代大統領でもあるザイド・ビン・スルタン・ナヒヤーン首長が死去してから、同国は古いイメージの払拭と経済多角化に取り組まざるを得なくなった。2005年に宮殿様式の豪華ホテル、エミレーツ・パレスが開業し、これまで豊かさの誇示を控えてきた同国の生活水準を対外的に大きくアピールすることとなった。原油価格高騰の恩恵を受けた豪華ホテルの開業に続き、アブダビは3000億ドル（約**36.4兆円**）規模の投資計画のメインとなる建設を開始した。サディヤット島の文化中心地には、グ

ッゲンハイム財団の美術館の中でも最大規模となる現代美術館「グッゲンハイム・アブダビ」、ルーブル美術館との提携を目指す古典美術博物館や海事博物館、イスラム美術館も建設予定である。2004年にアブダビ政府が設立した建設会社アルダール・プロパティーズはサディヤット島に全7000室、29のホテルを計画している。そのうちの1つは7つ星のホテルとなるといわれる。またヨットハーバーを3ヶ所建設、1000艘の係留に対応するほか、別荘8000棟、アパート3.8万室の建設も予定される。500メートル沖に浮かぶ広さ27km^{2}のサディヤット島の開発に、270億ドルもの資金が当てられる。一方、ドバイの影響は依然大きく、ドバイにならう形でアブダビでもゴルフトーナメントなどのスポーツイベントが開催される。同年2月に**F1グランプリ**シーズンの開幕に際して、初の試みとなるイベントが開催される[51]。

オイルマネー、欧米中心からアジアへ拡大、日本を誘致

2007年12月、中東産油国の石油収入が原油高で急激に膨らみ、従来の投資先だった欧米にとどまらず、アジアにもあふれ出した。石油元売り大手コスモ石油の筆頭株主に躍り出て、東京や大阪の賃貸マンションを買った。

同年11月、東京の帝国ホテルの一室に三菱商事の小島順彦社長ら大手商社のトップをはじめ、日本を代表する企業の経営者が集まった。迎えたのは、アブダビの経済企画庁長だった。次期UAE大統領への就任が確実とされる皇太子の日本訪問を控え、先遣隊として来日した長官のミッションは、日本の大企業と相互の投資機会を検討することだった。長官は資産約9000億ドル（約100兆円）と世界最大の政府系ファンド**ADIA**や、同国が全額出資する「国際石油投資会社（IPIC）」など12の機関や企業の代表からなる一大視察団を率いてきた。**ADIA**は中東からわき出て世界に流れるオイルマネーの象徴的な存在である。IPICは同年10月、900億円近くを投じてコスモ石油株の20%を取得し、筆頭株主になった。日本が輸入する石油の約9割を依存する中東の資金が、日本の企業合併・買収でも重要な役割を演じ始めた。長官の訪問客にはコスモ石油の岡

---

[51] 2007/01/31 AFPBB NEWS/AFP通信「ライバルはドバイ！アブダビの観光地化、急速に進むーUAE」

部敬一郎会長、木村彌一社長の姿もあった。イスラム教徒の多い東南アジアなどと違って、日本には中東に関する情報が少ない。オイルマネーは「日本買い」を進める。

　投資は<u>シャリア（イスラム法）</u>の枠組みの中で実施される。イスラム聖職者らでつくる「シャリア・コンプライアンス委員会」の審査がある。オイルマネーが向かう先は欧米中心で、投資対象は米国債などに集中してきたとされる。しかし原油高で石油収入が急増したことや、運用方法を多様化させる傾向が強まったことで、中東の政府系ファンドなどは日本や中国などアジアへの投資に目を向け始めた。財務省、日銀系のシンクタンク「国際金融情報センター」（東京）の大工原桂主任研究員によると、イラン、イラクなどを含めた中東産油国の石油収入は2000～2006年で2.6兆ドル（約290兆円）に達した。直近7年だけで、1980～1990年代の20年間の合計2.2兆ドルをはるかにしのぐ[52]。

4. テーマパーク開発の経緯
米パラマウント映画がUAEにテーマパーク計画

　ここではアブダビのテーマパーク開発の経緯を考察する。2007年6月、米バイアコム傘下の映画製作会社パラマウント・ピクチャーズはUAEでのテーマパーク建設について、中東の不動産会社と合意したと発表した。UAEで建設されるテーマパークには、リゾート施設やブティックホテル（小型のテーマ性の強いホテル）、ショッピングセンターなども含まれる。<u>パラマウントは資金提供せず、企画や設計でテーマパーク建設を支援</u>する[53]。2024年現在、このテーマパークは無いようである。

米ワーナー・ブラザース、アブダビにテーマパーク計画

　2007年9月、米娯楽大手ワーナー・ブラザース・エンターテイメントとアブダビ政府系の二社は映画とビデオゲーム製作の合弁会社を折半出資でアブダビに設立すると発表した。共同で映画館、ホテル、テーマパークも設ける。ハリウッドを湾岸に移植す

---

[52] 2007/12/01 朝日新聞　朝刊3頁「(be report) 存在感増す中東マネー　原油高や運用多様化で「日本買い」も」
[53] 2007/06/26 ロイター通信ニュース「パラマウント・ピクチャーズ、中東にテーマパーク建設へ」

る試みで、中東随一の**文化・娯楽都市を目指すアブダビ**と、中東市場開拓を目指すワーナーの利益が一致した。アブダビから不動産開発会社アルダール・プロパティーズとアブダビ・メディア・カンパニーが合弁会社に出資する。資本金などは明らかにしていないが、全体の事業規模は 20 億ドル（約 **2300 億円**）を超す見込みであった。テーマパーク着工は 2009 年を予定していた。ワーナーがテーマパークやホテルのデザインを支援する。複数のスクリーンを持つ 4 軒の映画館を 2010 年 3 月までに建設し、ワーナーが運営する。映画は英語とアラビア語の 2 ヶ国語で作成する。アラビア語の映画はこれまでエジプト製が主流だったが、これに対抗してアブダビ製の映画を中東市場に広く販売したい。そして同合弁会社が開発するビデオゲームをワーナーが世界で売り出す。アブダビは中東の文化・娯楽の中心都市に進化する計画で、仏ルーヴル美術館の分館や、自動車レースの F1 グランプリ誘致に成功した。中東のビジネスセンターとして成長するドバイと競っている[54]。

レアル・マドリードのテーマパークとスタジアム計画

2012 年 3 月、サッカー・スペイン 1 部リーグのレアル・マドリード（以降レアル）は UAE に人工島「レアル・マドリード・リゾート・アイランド」を建設する計画を発表した。レアルのフロレンティノ・ペレス会長は「レアル・マドリード・リゾート・アイランドは最高レベルのスポーツ施設を備えた観光地になるだろう。この複合施設は良質な娯楽サービスを求める数百万人の人々を惹きつけることになる」と述べた。計画発表会見に主将のイケル・カシージャス、カリム・ベンゼマ、セルヒオ・ラモスら選手、ジョゼ・モウリーニョ監督、元フランス代表でクラブ OB のジネディーヌ・ジダン氏も出席した。5 つ星ホテル、浜辺にある別荘、テーマパーク、練習場とプールがあるスポーツ施設、海を展望できるスタジアム（1 万人収容）を備えた施設となる。オープンは 2015 年 1 月予定である[55]。

UAE のラスアルハイマ首長国政府および投資会社とともにこのレアルの施設に 10 億ドル（約 1000 億円）を投じ、レアルのブランド力推進を目指す。2015 年だけで 100

---

[54] 2007/09/27 日本経済新聞　夕刊 3 頁「米ワーナー、アブダビに映画会社、政府系 2 社と折半出資。」
[55] 2012/03/23 AFPBB NEWS/AFP 通信「レアル・マドリード、UAE にテーマパーク建設へ」

万人の集客を見込む。レアルは3億人とされるサポーターのうち半数以上がアジアに集中する。ペレス会長は「中東とアジアにおける我々の存在感を高める決定的かつ戦略的なステップ」と述べた[56]。しかし2024年現在、レアルのこの施設は無いようである。

ワーナーブラザース・ワールド・アブダビ1000億円で開業

2018年7月、米大手映画制作会社ワーナー・ブラザースのテーマパーク「ワーナーブラザース・ワールド・アブダビ」が開業した。約15万平米の世界最大規模の完全屋内型テーマパークで、約10億ドル（約1000億円）かけてアブダビのヤス島に建設された。テーマパーク「フェラーリワールド・アブダビ」に隣接する。ワーナーブランドの屋内テーマパークは世界初である。バットマンやスーパーマンなど人気映画やキャラクターをテーマにした6エリアに分かれる。開発した**ミラル・アセット・マネジメント**は、「このテーマパークは家族向けの旅行目的地として世界でアブダビの地位を固め、若者や若い心を持つ人々を楽しませるだろう」とメディアに発表した。アブダビ文化観光局は「これはアブダビが経済多角化に向けてさらに多くの来訪者を誘致する計画の一環で、レジャー施設増加は観光客数拡大と平均宿泊日数延長に貢献するだろう」と述べた。

2018年時点で、UAE国内の大型テーマパークは、(1)フェラーリワールド、(2)IMGワールド・オブ・アドベンチャー、(3)ボリウッドパークス・ドバイ、(4)モーションゲート・ドバイ、(5)レゴランド・ドバイ、(6)ワーナーブラザース・ワールド・アブダビ、と6ヶ所目である[57]。

5. まとめ

本章では、アブダビの観光開発とテーマパーク開発を考察し、次の点を明らかにした。

第1に、アブダビのオイルマネーを管理するのはアブダビ投資庁という政府系ファンドで、世界一の資産運用額を誇る政府系ファンドである。

---

[56] 2012/03/23 ロイター「サッカー＝レアル・マドリード、UAEにリゾート建設へ」2021年5月7日アクセス　https://jp.reuters.com/article/tk0763862-real-madrid-resort-uae-idJPTYE82M03H20120323

[57] 2018/08/01 ジェトロ・ビジネス短信「ワーナーブラザーズワールド・アブダビが開業（ドバイ発）」

第2に、2004年に建国の父、ザイド・ビン・スルタン・ナヒヤーン首長が死去してから、アブダビは古いイメージの払拭と経済多角化を始めた。アブダビはそれまで豊かさの誇示を控えてきたが、諸外国に派手にアピールするようになった。

　第3に、ドバイとの差別化で、アブダビは文化資源による観光立国を目指している。それが、F1グランプリとフェラーリ・ワールド誘致、サッカーのレアル・マドリードのテーマパーク誘致、ルーブル美術館の分館誘致につながった。これらは各分野で世界ナンバーワンの実績とブランド力である。アブダビの資金力があるからできることである。他国にとって**参入障壁が高く**、模倣しにくい。

　第4に、アメリカの大手映画会社2社がアブダビにテーマパーク計画を発表した。米パラマウント映画と米ワーナー・ブラザースである。両者は長年のライバルである。パラマウントは資金提供せず、企画や設計でテーマパーク建設を支援する。ディズニーが東京ディズニーリゾートを運営するオリエンタルランドとライセンス契約を結んでいるのと同様に、直営ではなくライセンス契約にするのだろう。

　第5に、ワーナー・ブラザースの計画は映画とビデオゲーム製作の合弁会社をアブダビに設立し、映画館、ホテル、テーマパークを設置する。映画制作の都ハリウッドを湾岸に移植する試みで、パラマウントの計画より大規模である。ワーナーは中東市場進出を目指し、アブダビは中東随一の文化・娯楽都市を目指す。実際、2018年にアブダビに開業した。

　第6に、レアル・マドリードは人工島「レアル・マドリード・リゾート・アイランド」を建設する計画を発表した。計画発表会見にカシージャス、ベンゼマ、セルヒオ・ラモス、ジダンら有名選手、モウリーニョ監督が出席した。このようなトップクラスの選手や監督を式典に出席させる権力はある。レアルはサッカー一局集中からの脱却を図ろうとしていたのではないか。

　アブダビは巨費を投じた計画を発表するも、実行が難しい。もっと小規模なプロジェクトなら実行可能だろう。しかし世界ナンバーワン戦略をとるため、中小規模のプロジェクトは構想にない。

第5章　フェラーリ・ワールド・アブダビ

1. はじめに

　本章では、フェラーリ・ワールド・アブダビ開業からの経緯を考察する。アブダビは2010年にフェラーリ・ワールド・アブダビ（以降、フェラーリ・ワールド）を開業し、外国人観光客誘致を積極的に行なっている。

2. フェラーリ・ワールド設立の経緯と都市開発最大手アルダール

フェラーリ・ワールド・アブダビ概要

　フェラーリ・ワールドは2010年10月オープンで、アブダビのヤス島（大型リゾート島）にあるイタリアの高級車フェラーリ初のテーマパークである。アトラクションが20あり、その中核は世界最速（最高時速240キロ）ジェットコースター「フォーミュラ・ロッサ」である。F1ドライバーがレース中に体験する重力加速度を体験できるアトラクション「Gフォース・タワー」、伊マラネロのフェラーリ工場内を再現したコーナー、フェラーリのオープンカー「カリフォルニア・スパイダー」に乗ってヴェネツィアやピサの斜塔、コロッセオなどイタリアの観光地のミニチュアをめぐる乗り物などもある。F1の12気筒（V12）エンジンの内部を探検できる乗り物もある[58]。

アルダール・プロパティーズの概要

　フェラーリ・ワールドを開発した企業はアルダール・プロパティーズ（以降、アルダール）である。アルダールは**アブダビ最大の不動産開発会社、都市開発会社**である。本社アブダビ、2005年設立、代表者、アハマド・サイエ会長（2010年当時）、売上高5億3900万ドル、純利益2億7400万ドル（2009年12月期）である。アルダールは石油収入を背景に高成長を続けるアブダビの象徴的なプロジェクトが多くを占める。同社の発表済みのプロジェクト総額は750億ドル（約7.5兆円）以上に上る（2010年時点）。同社はアブダビのヤス島で2009年にUAE初のF1最終戦が開かれたヤス・マリーナ・

---

[58] 2010/07/23 AFPBB News「フェラーリのテーマパーク、アブダビに10月オープン」2021年11月1日アクセス https://www.afpbb.com/articles/-/2742376

サーキットを建設し、隣にフェラーリ・ワールドを建設した。世界最速のジェットコースターなど20種類以上のアトラクションを擁し、アブダビの観光立国化に向けた重要な役割を担う。ドバイショックでドバイの不動産開発大手が開発を減速させた2010年当時、アルダールの躍進は目立っていた。しかしリーマンショック後の不動産価格下落は同社に悪影響をもたらし、同社は2010年2月、ヤス島のインフラなどの資産をアブダビ政府に売却した[59]。

アルダールの主な開発案件は、ヤス島開発(アブダビ郊外のヤス島にF1サーキット、フェラーリ・ワールド、ホテルなどを建設)、アルラハビーチ(海岸沿いに12万人の住宅や商業施設などを複合開発)、セントラルマーケット(住居やオフィス、商業施設などを備えたアブダビ中心部の再開発事業)、アルグルム・リゾート(アブダビ郊外のリゾートホテル・住宅)である[60]。

アルダールの2023年の年次報告書によると、収益141億ディルハム(約5091億円)、総収入44億ディルハム(約1841億円)、純利益56億ディルハム(約2343億円)、総資産729億ディルハム(約3兆512億円)である[61]。

フェラーリ初のテーマパークとしてメディアに発表

2009年11月、アブダビで初めてフォーミュラワン・グランプリ(F1世界選手権)が開催された。そして2010年10月、フェラーリが手がける初のテーマパーク、フェラーリ・ワールドがオープンした。同テーマパークは**ヤス島開発プロジェクトの一環**として、F1会場のヤス・マリーナ・サーキットに隣接して建設される。屋内テーマパークとしては世界最大で、敷地面積は8.6万平米、上部を覆う20万平米の赤い屋根はフ

---

[59] 2010/03/03 日経産業新聞10頁「アルダール・プロパティーズ(UAE)(アジア新興国企業ファイル)」
[60] 2010/11/18 日経産業新聞13頁「アブダビの不動産開発岐路に、アルダール、政府系が金融支援要請。」
[61] Aldar Properties, 'Annual Report 2023', 2024年7月28日アクセス https://cdn.aldar.com/-/media/project/aldar-tenant/aldar2/investors-documents/annual-report-2023/aldar-2023-annual-report-eng.pdf?rev=90a71d3a87434a608a6d90a2a33941c7&_gl=1*16nu7c3*_gcl_au*MTQxMTM5NDc4NS4xNzIyMTM1Mzc4

ェラーリの社章である跳ね馬のマークである。このマークのサイズは世界最大である。天井の高さは頭上35～50メートル、真ん中の通風筒と一列の柱だけで屋根を支える[62]。

米ムーディーズ、アルダールをジャンク級に引き下げ

ドバイショック後の2010年3月、米格付け会社ムーディーズ・インベスターズ・サービスはアブダビの企業7社を格下げした。これらの企業が政府支援について「明確な正式合意」を得ていないことを理由に挙げた。ムーディーズはアルダール・プロパティーズを「Ba1」と2段階格下げし、ジャンク級（投機的格付け）とした。アウトルック（格付け見通し）は将来の格下げの可能性を示唆する「ネガティブ（弱含み）」とした。アブダビの政府系投資会社、ムバダラ開発とインターナショナル・ペトロリアム・インベストメント（IPIC）はともに1段階格下げし、債務格付けで上から4番目の「Aa3」とした。ツーリズム・デベロップメント・アンド・インベストメント（TDIC）は2段階格下げし「A1」とした。アブダビ財務庁のハマド・アル・スウェイディ次官はeメールで「TDICとムバダラ、IPICに関するものを中心にムーディーズの決定の根拠には明確に異議を唱える」「3社は国営企業で経済の多様化という政府の戦略においていずれも重要な役割を果たしている。欠くことのできない企業」とコメントした[63]。

アルダールがアブダビ政府にF1サーキットを2200億円で売却

2010年3月16日、アルダールはF1サーキットなどのアブダビ政府への資産売却について、売却額約25億ドル（約2200億円）だったと発表した。帳簿価格による売却で、利益は発生していない。売却したのはヤス・マリーナ・サーキットや港、ヨット係留施設などとみられる。同サーキットは政府所有のモータースポーツ運営会社と共同事業会社をつくり、約14億ドルかけて整備した。**アルダールは事業会社の4割を出資**していた。アブダビは石油収入を元手に高成長を続けるが、金融危機以降の不動産価格下落の影響で、同社は2009年10-12月期に約1.5億万ドル（約**150億円**）の**純損失**を計

---

[62] 2010/07/23 AFPBB News「フェラーリのテーマパーク、アブダビに10月オープン」2021年11月1日アクセス https://www.afpbb.com/articles/-/2742376
[63] 2010/03/05 Bloomberg「アブダビの7社を格下げ、アルダールはジャンク級－ムーディーズ」https://www.bloomberg.co.jp/news/articles/2010-03-04/KYS5F51A1I4H01

上した。同社は資産売却の理由を明らかにしていないが、借入金の返済の資金繰りのためと見られた[64]。

アルダール赤字166億円

　2010年11月、アルダールはアブダビ政府に金融支援を要請した。アルダールはアブダビの大型都市開発を牽引してきたが、不動産市況が冷え込み、販売不振で2010年7－9月期決算が最終赤字となり、借入金返済を控え、資金繰り支援を求めた。ドバイに続き、不動産開発をテコにした成長モデルは見直しを迫られることとなった。同社の2010年7－9月期決算は住宅などの販売不振に加え、不良資産化した物件の引当金計上により、最終損益が7億3100万ディルハム（約166億円）の赤字となった。前年同期は2.7億ディルハムの黒字だったが、1－9月期累計で15.2億ディルハムの赤字になった。同社の債務は200億ディルハムで、うち100億ディルハムが2011年末までに返済期日を迎える。同社は決算発表に合わせ、「アブダビ政府との資金手当ての交渉が最終段階にあり、年末までに合意できる」と発表した。地元紙によると、政府の支援額は数百億ディルハム規模で、25年の長期融資の見通しである。同社のアハマド・サイエ会長は「（7－9月期）決算はアルダールが挑戦の時にあることを示したが、既存の事業や投資物件により売り上げは回復する」と、これ以上の業績悪化を否定した。同社はアブダビ政府系ファンドであるムバダラ開発などが2005年に設立し、株式公開後も政府機関が最大株主である。経営陣には政府系ファンドや省庁高官が連なる。UAEの不動産開発はドバイが先行してきたが、金融危機が借り入れに頼る開発モデルを直撃した。政府系不動産会社ナキールの資金繰り悪化はドバイの信用不安の引き金となった。アブダビにはUAEの原油が9割以上集中するので、アブダビ政府には救済する資金力がある[65]。

---

[64] 2010/03/16 日経産業新聞 9 頁「アブダビの不動産開発大手、F1サーキット、政府に売却、借入金返済の資金繰りで?」
[65] 2010/11/18 日経産業新聞 13 頁「アブダビの不動産開発岐路に、アルダール、政府系が金融支援要請。」

アルダール、アブダビ政府から4300億円の支援

　2011年1月、アルダールは資産売却や債券発行を通じてアブダビ政府から総額52.2億ドル（約4300億円）の金融支援を受ける計画と発表した。計画では、アブダビ政府がフェラーリ・ワールドなどの資産を計44.6億ドルでアルダールから買収する。さらにアブダビ政府系ファンドのムバダラ開発が7.6億ドルのアルダールの転換社債を取得した[66]。

　この頃、ドバイと比べて**アブダビ政府は潤沢な石油収入**があるため、アブダビ政府の信用への影響はほぼ無いとみられた[67]。

3. フィールドワークと提案

　2015年1月3日、筆者はフェラーリ・ワールドに客として訪れた。インタビュー調査したかったが応じてもらえず、一般客として入園することとなった。JTBパブリッシングの旅行ガイド『るるぶ』ですら、アブダビは発行されておらず、『るるぶドバイ2014年版』にもほぼ情報が無かった。ダイヤモンド社の『地球の歩き方ドバイとアラビア半島の国々2013～2014年版』にアブダビの情報が少し載っているだけだった。

　筆者が泊まっていたホテルの入口に並んでいたタクシーの運転手にフェラーリ・ワールドと言ったら問題なくスムーズに到着した。タクシー運転手は何回も行ったことがあったと思われる。日本で情報が少ないだけで、タクシー運転手にとっては珍しくない行き先のようだ。フェラーリ・ワールドはアブダビ国際空港に近いので、外国人観光客の集客に有利である。

　タクシーでフェラーリ・ワールド到着すると、混んでいることに気づいた。入口で行列しており、長く待たされた。待ち時間短縮のオペレーションがなかった。園内全体で待ち時間短縮や店員による速やかな誘導、混雑状況の説明などのオペレーションがほとんどなかった。客は説明がないまま待たされて不安になる。アブダビは急激なハードの建設に力を入れているものの、現場スタッフの接客、サービスはまだ成長途中のようだ。

---

[66] 2011/01/14 日本経済新聞　夕刊3頁「アブダビ政府、不動産開発会社を支援。」
[67] 2011/01/17 日経産業新聞13頁「アブダビ政府がアルダール支援、総額4300億円。」

是非東京ディズニーリゾート（TDR）を視察して素晴らしい接客とホスピタリティを学んでほしい。

フェラーリ・ワールドへの提案

　フェラーリ・ワールドは筆者が知るテーマパークの中で最も<u>大人の男性客の比率が高い</u>。18〜49歳くらいまでの男性客が全体の8割程度と感じた。TDRは最大手なので「フルライン戦略」をとり、老若男女問わず楽しめるコンテンツを提供している。しかし実際、TDRは女性客7〜8割、男性客2〜3割、小人10〜16%、中人10〜13%、大人（18〜39歳）50%前後、大人（40歳以上）2割前後である[68]。若い客は多いが、50歳以上の客が少ない。（参考までに、日本の人口の28%が高齢者である。）テーマパークは体力勝負なので、若い人に向いたレジャーである。フェラーリ・ワールドは園内至る所に本物のフェラーリが展示されている。フェラーリファンに宣伝すると効果的だろう。

　フェラーリ・ワールド内に「**フェラーリ博物館**」がある。これを隣にビル建設して移設し、もっと大規模化したらどうか。そして現在の博物館部分に新規アトラクションを追加したらどうか。フェラーリの初期から現在までのエンジンの展示など、技術発展をもっと詳しく展示すると、工業高校や工業大学の学生、技術職の人を集客できるだろう。エンツォ・フェラーリ氏に関する説明が少ないのでもっと増やし、経営者としての側面も併せて紹介したらどうか。テーマパークに興味はないが、フェラーリ好きな人を集客できる。

　アブダビ政府への提案として、JTBパブリッシング等、出版社に依頼し、日本人向けのアブダビのガイドブックを出版してもらうことが挙げられる。もしガイドブックが販売不振だったら在庫を引き取るなら出版してくれる出版社はある。スマホやタブレット端末向けの情報も良いが、旅先で電波が繋がらなかったら使い物にならない。よって紙媒体と電子出版を併用するのがいい。これほどオイルマネーが豊富な国なので本の在庫の買い取りは可能なはずである。

---

[68] オリエンタルランド「ゲストプロフィール」2022年8月3日アクセス
http://www.olc.co.jp/ja/tdr/guest/profile.html

4. 考察

本章では、フェラーリ・ワールド開業からの経緯を考察し、次の点を明らかにした。

第1に、フェラーリ・ワールドは、フェラーリが初めて手掛けたテーマパークである。実際のディベロッパーはアブダビ最大手の建設会社、都市開発会社のアルダールである。アルダールはアブダビ政府系企業で、リーマンショック後、そしてドバイショック後に、ドバイの不動産開発大手が開発を減速させる中、アルダールは躍進した。しかしアルダールは不動産販売不振に陥り、ヤス島のF1サーキットなどの資産をアブダビ政府に売却するなど、アブダビ政府が支援した。原油産出量が少ないドバイ政府と異なり、アブダビ政府には救済する余力がある。マンション等は建設する資金力と販売力は異なる。テーマパークでも建設する資金力と開業後の集客力は別の能力である。

第2に、スペイン・バルセロナ郊外の既存のテーマパークにフェラーリランドが増設された。フェラーリはフェラーリ・ワールド・アブダビで多くのことを学び、ノウハウを蓄積し、ヨーロッパに進出したのだろう。ディズニーランドとユニバーサル・スタジオはアメリカで開発され、日本に進出し、日本でノウハウを蓄積し、その後、他国に進出するビジネスモデルとなった。フェラーリ・ワールドはオイルマネーを背景に中東産油国に設立し、ノウハウを蓄積し、ヨーロッパに輸出するビジネスモデルとなった。

第3に、湾岸諸国はドバイに倣い、**急速に大規模なハードを建設するという開発モデルに依存**している。不動産業で販売力が伴うのだろうか。テーマパーク事業では集客力が伴うのだろうか。これに似た急速な開発が目立つ国として中国が挙げられる。中国の主要都市にテーマパークが乱立するが、大半が赤字とされている[69]。中国以外でも、新興国でのテーマパーク設立ラッシュは供給過剰に陥りやすい。アブダビやドバイも後にテーマパークの供給過剰に陥るのではないか。その対策として、(1)外国人観光客誘致、(2)国内の中間層増加による内需拡大、がある。UAEの人口[70]は約989万人（2020年）なので、ドバイ、アブダビともに自国民だけでは採算が取れないはずである。日本には

---

[69] 2009/12/21 日本経済新聞　朝刊6頁「マカオ将来像、中国に戸惑い、返還10年、娯楽産業育成で試行錯誤。」
[70] 外務省「アラブ首長国連邦」2024年7月28日アクセス
https://www.mofa.go.jp/mofaj/area/uae/data.html#section1

約1億2500万人がいるので自国民だけで採算が取れる事業が多い。自国民だけでは市場が小さい国では、外国人観光客誘致を狙うしかなく、世界的な激戦となる。

本章の限界は2024年現在、ここまでしか情報が無いことである。ほとんど資料が出ない。日経各紙等が最大の情報源である。

5. まとめ

大手自動車会社のレジャー事業参入といえば、ホンダの多摩テックと鈴鹿サーキットである。本田宗一郎氏が「走る場の提供」を、藤沢武夫氏が「子供の頃から運転の楽しさを覚えて一生バイクと車のファンでいてもらうこと」を目的に多角化した（中島,2021,第10章）。ホンダのテーマパーク参入は一企業の多角化だったのに対し、フェラーリ・ワールドは石油依存からの脱却という国家戦略の一部だった。フェラーリにとっては、コンテンツの二次利用による二次利益の獲得や多角化戦略だった。

表1：自動車会社のレジャー事業参入

	ホンダ	フェラーリ
トップマネジメント	本田宗一郎氏・藤沢武夫氏	ルカ・ディ・モンテゼモーロ氏
実際の開発会社	本田技研（現ホンダ）の子会社	アルダール・プロパティーズ
サーキット	鈴鹿サーキット	F1誘致（アブダビのヤス島）
テーマパーク	多摩テック（東京・日野） モビリティランド（鈴鹿）	フェラーリ・ワールド（アブダビ） フェラーリランド（スペイン）
経営戦略	多角化戦略	石油依存からの脱却（アブダビ） コンテンツの二次利用（フェラーリ）
戦略の位置づけ	一民間企業の戦略	国家戦略の一部

筆者作成

短編1　ルーブル美術館のアブダビ分館

1. はじめに

　本章では、ルーブル・アブダビ設立の経緯と経済的な背景を考察する。フランスが誇るルーブル美術館の初めての海外分館「ルーブル・アブダビ[71]（Louvre Abu Dhabi）」がアブダビに 2017 年 11 月にオープンした。美術館はテーマパークではないが、集客施設、観光施設として類似の性質なので本書の対象とする。

2. ルーブル・アブダビの経緯
アブダビ分館計画にフランス文化人が反発

　2007 年 1 月、アブダビ政府とフランス政府はパリのルーブル美術館の分館をアブダビに建設する計画を始めた。外国人観光客誘致の核にしたいアブダビと、産油国の資金を当てにするフランスの思惑が一致した。しかし、作品を長期間貸し出すことへの批判が美術関係者の間で根強い。イスラム教国で裸体画やキリスト教芸術を展示できるのかとの疑問も浮上した。フランス文化人を巻き込んだ賛否論争となった。仏ルモンド紙が入手した契約内容によると、アブダビは2.4万平米の美術館を2012年までに建設する。フランスはその後 10 年間にわたり数ヶ月ごとに作品を貸し出すほか、運営指導もする。アブダビがフランスに支払うのは、作品貸し出しに**2億ユーロ（約310億円）**、美術館が**「ルーブル」を名乗ることに2億ユーロ**以上など計 7 億ユーロになる。仏文化省はこれらの収入を国内の美術館運営に充てる。これに対し、パリの国立ピカソ美術館元館長で著名な美術評論家ジャン・クレール氏や元ルーブル美術館の学芸員らが「長期の貸し出しは本館の運営に支障がでる」と反対した。「美術館は売り物ではない」とする請願書をつくり、美術関係者ら 2000 人以上の署名を集めた。またルモンド紙は社説で「裸体を描いた絵やキリスト教絵画の展示が禁止されないだろうか」との疑問を呈した。ルーブル美術館のロワレット館長はルモンド紙に「作品の貸し出しは以前からやっている。この計画は、アブダビとフランスの狙いが一致したに過ぎない」と反論した[72]。

---

[71] Louvre Abu Dhabi, WE ARE THE MUSEUM, 2021 年 5 月 27 日アクセス
https://www.louvreabudhabi.ae/en/about-us/we-are-the-museum
[72] 2007/01/17 朝日新聞　朝刊 6 頁「ルーブル美術館の分館、UAE に建設計画　仏文化人は反

フランスの魂を金で売ったと批判

　2007年1月、ルーブル美術館を巡り「フランスの魂を金で売った」「美術館は売り物ではない」などとセンセーショナルな表現で非難された。ルーブル美術館は年間入場者数約800万人（2005年）で、世界の美術館の中で入場者数1位である。他の美術館の入場者数では、パリのポンピドー・センター530万人、大英博物館480万人、サンクトペテルブルクのエルミタージュ美術館250万人（いずれも同年）である。

　ルモンド紙などによると、2012年にアブダビに近い観光地に、仏建築家ジャン・ヌーベル氏の設計による美術館が開館する。ルーブル美術館収蔵の200～300点の作品が長期的に貸し出されるほか、学芸員などの人材も派遣される。アブダビは自前の作品がそろえば「ルーブル」の名称は返上するとしているものの、美術館の公称はそれまでは「ルーブル・アブダビ美術館」になるという。フランス国内の美術館を束ねる組織の会長経験者ら3人が呼びかけた反対署名は1月初旬までに美術界を中心に約1400人集まった。しかし肝心のルーブルやパリの美術館の関係者の署名は無かった。ルーブルのアンリ・ロワレット館長は「お金は重要」と述べた。ルーブルをはじめフランスの国立、市立の美術館では、貸し出し無料を原則としているうえ、作品の**保存や修復などで高額な費用**を必要とする。ルーブルの場合、2007年の予算は2億ユーロ（約310億円）で、その40％が入場料やメセナ収入など、自力で稼いだものである。これでは新規の作品購入も困難と、ルーブル美術館は主張する。企業などが様々な費用を負担する冠付きの展覧会が盛んなのも、このような事情による。ルーブル美術館は2006年10月以来、米アトランタのハイ美術館にもラファエロやプッサンの主要作品を含む142点を長期貸し出ししている。この点に対しても反対署名者からは非難があった。

　一方、**美術館の世界もグローバル化**していた。アブダビはニューヨークのグッゲンハイム美術館とも提携して、「**グッゲンハイム・アブダビ美術館**」も開館する。グッゲンハイム美術館はスペインなど国内外各地に自らの名を冠した美術館を開館した。グローバル化戦略によって知名度も上がり、ニューヨークの本家の入場者数も年間約250万人と、15年間で3倍に増えた。2007年に開館20周年を迎えたポンピドー・センター

発」

は上海市と、大英博物館は北京の故宮博物館と提携契約を結んだ。エルミタージュ美術館は契約相手を探しており、名古屋に名古屋ボストン美術館ができた[73]。

フランス文化行政史上最大の7億ユーロ（約1092億円）

　ルーブル美術館の別館構想により世界各地で「著名美術館の分館構想の一環」が進んでいた。フランスの美術関係者からは「文化遺産を売り渡すな」と反発もある。アブダビは 2018 年までにサーディヤット島に、高級ホテル、ゴルフ場、ヨット係留場、高級別荘群、**文化地区**としてルーブルやニューヨークのグッゲンハイム美術館の別館を誘致する。総額 **3 兆 2670 億円**余という巨大プロジェクトである。アブダビの広報官は「世界水準の文化施設を誘致し、アブダビをこの地域の文化首都にしたい」と言う。仏ルモンド紙によると、アブダビがフランスに支払うのは、(1)「ルーブル美術館」の名称使用（20 年間）で 2 億〜4 億ユーロ（約 312 億〜624 億円）、(2)年 4 回（10 年間）の仏国内の美術館所蔵品の特別展示に 1.5 億ユーロ（約 234 億円）、(3)フランスが最長 10 年間、一定数の美術品を貸与する見返りに 2 億ユーロ（約 312 億円）、(4)フランスが美術館の運営・管理を請け負う代わりに 7000 万ユーロ（約 109 億円）などである。総額は約 7 億ユーロ（約 1092 億円）に上り、フランス文化行政史上最大の膨大な計画となる。このほかアブダビは 10 年間、年 4000 万ユーロ（約 62 億円）ずつ仏美術品を購入する。

　これに対し仏美術館連盟のカシャン名誉会長らはルモンド紙に寄稿し、「美術館は文化遺産を保護し、展示し、研究する場で、文化遺産は消費物資とは違う。我が国の政治家たちは文化遺産を外交手段に使おうとしている。私たちの魂を売ることになる」と抗議した。美術関係者らはネット上に「美術館の収蔵品を守れ」と訴える請願を公開し、3500 人の署名を集めた。

　しかし、ルーブル美術館のロワイレット館長は「世界の美術館で起きている国際化の流れを無視できない。財政面の利点を否定しないが、それのみではない。当館には 38 万点の所蔵品があり、常時展示されているのは 3.5 万点。収入の 65％を海外、35％を国

---

[73] 2007/01/17 産経新聞　東京朝刊 6 頁【パリの屋根の下で】山口昌子　魂を売った？ルーブル」

内からとすれば財政均衡が保てる」と述べた。世界の美術館では米グッゲンハイムが米独伊スペインの4ヶ所に、ルーブル美術館も米アトランタに、大英博物館と英ビクトリア・アルバート美術館も中国に分館を開設し、分館化は大きな流れとなっていた[74]。

安藤忠雄氏やザハ氏ら一流建築家4名の設計

　2007年2月、アブダビ市内の島に日本の安藤忠雄氏ら世界一流の建築家4人が設計に携わった複合文化施設が建設されることになり、その概要が市内のホテルで報道陣に公開された。建設予定地はサアディアット島で、環境に配慮した世界有数の観光地にしようと、政府が2004年から計画を進めてきた。安藤氏が海洋博物館を設計したのをはじめ、フランスのジャン・ヌーベル氏がルーブル美術館の分館、米国のフランク・ゲーリー氏がニューヨークのグッゲンハイム美術館の分館、イラク出身のザハ・ハディド氏がパーフォーミング・アートセンターを手がけた。施設には、ホテルやマリーナ、ゴルフ場なども併設される。2018年に完成予定だが、博物館や美術館は2012年から順次開館する。経済都市のドバイに対抗し、アブダビを世界有数の文化都市にする[75]。

アブダビが東京での世界旅行博覧会に初出展、日本人観光客誘致

　2007年9月、アブダビは東京・有明の東京ビッグサイトで開催されていた旅行関連イベント「JATA世界旅行博2007」（主催JATA国際観光会議と世界旅行博実行委員会）に初出展した。アブダビでは2012年までにルーブル美術館、ニューヨークのグッケンハイム美術館の分館が完成し、同じ地区にオペラハウス、海洋博物館の建設が予定される。アブダビ政府観光局の担当者は日本からの観光客の大幅な増加を期待する。日本からアブダビへの観光客は、2007年1～8月は前年比6%増だったが、「文化施設完成後には年間11%増加を見込む」と同担当者は述べた[76]。

---

[74] 2007/01/30 毎日新聞　朝刊8頁「アラブ首長国連邦：ルーブル買うオイルマネー　アブダビに分館「魂売る」美術界批判」
[75] 2007/02/01 東京読売新聞　夕刊2頁「アブダビを文化都市に　安藤忠雄さんら世界の4建築家設計、複合施設建設へ」
[76] 2007/09/16 Fuji Sankei Business i. 3頁「UAE首都　アブダビでリゾート化進む」

アブダビがフランスに 100 億ユーロ支払う契約

　2007 年 10 月、フランス国民議会（下院）はアブダビのルーブル美術館別館の建築に同意した。しかし左派勢力からは同美術館の価値を下げるとの反対意見が出た。契約期間は 30 年間で、アブダビはルーブル美術館の名称使用料及び、展示品の半年から 2 年の賃貸料として 4 億ユーロ（約 663 億円）支払う。これはフランスのその他の美術館とアブダビの 100 億ユーロに上る大規模な契約の一部である。<u>芸術の推進とはほとんど関係なく、安価な**営利目的**</u>の事業だと、左派勢力は批判した。しかしフランス上院は同年 9 月にこの計画を承認した。審議の過程で協力・開発・フランス語圏担当 Jean-Marie Bockel 副大臣は、「この協力関係は我々の文化政策に必要な世界への開放性を素晴らしい方法で見せるものであり、自然遺産を貸したり売ったりするのではない。これは文化の多様性と文明の融合を推進するための挑戦」と述べた。この計画はジャック・シラク前大統領時代に進んでいたもので、左派は棄権したが、与党国民運動連合（Union for a Popular Movement: UMP）を中心に支持を受けた。批評家からは、フランスの貴重なコレクションを貸し出すべきではない、パリを訪れる年間 730 万人の観光客が奪われという声もある。Catherine Tasca 元文化・通信相は「この契約は我々の博物館政策の中で、懸念すべき転機となる」と言う。別館が完成すれば直ちに約 300 点の作品が展示されるが、その後の 10 年間で 250 点から 200 点に削減される。政府高官らは「モナリザのような最高傑作を貸し出す予定はない。アブダビでの展示が危険と思われるものは貸し出さない」と言う。フランス人建築家ジャン・ヌーベル氏が設計した総面積 2.4 万平米に上る別館の着工は 2007 年中の予定で、建築総費用は 8300 万ユーロ（約 137 億円）である[77]。

アブダビ、レオナルド・ダビンチ作品を 500 億円で落札

　2017 年 12 月、ルネサンスの巨匠、レオナルド・ダビンチの作品で、美術作品の史上最高となる 500 億円を超える価格で落札された油絵が、アブダビにオープンしたルーブル美術館の別館に所蔵されることになった。この作品は、レオナルド・ダビンチが代

---

[77] 2007/10/10 AFPBB NEWS/AFP 通信「アブダビのルーブル美術館別館建築、フランス国民議会が承認」

表作「モナリザ」に先立つ 1500 年頃に制作した「サルバトール・ムンディ」という深い青色のローブを身に着けたキリストを描いた油絵である。先月アメリカのニューヨークで開かれたオークションで、美術作品の史上最高価格となるおよそ 4.5 億ドル（約 500 億円）で落札された。落札者は公表されていない。ところが、アブダビのルーブル美術館が Twitter で「『サルバトール・ムンディ』がやって来る」とツイートし、作品がアブダビに渡ることが分かった。17 世紀にイギリス王室が所有したあと、所在が分からなくなり、6 年前にようやくダビンチのものと確認されるなど、数奇な運命をたどったこの作品は、ルーブル・アブダビに落ち着くこととなった[78]。

3. まとめ

本章では、ルーブル・アブダビ設立の経緯を考察し、次の点を明らかにした。

第 1 に、アブダビは経済都市のドバイに対抗し、アブダビを世界有数の文化都市にしたい。アブダビは総額 3 兆 2670 億円かけて高級ホテル、ゴルフ場、ヨット係留場、高級別荘群、文化地区としてルーブルやニューヨークのグッゲンハイム美術館の別館を誘致する。

第 2 に、フランス美術界や知識人の反発は、1992 年にフランスのディズニーランドに対しても起こったことを前著（2023）「ヨーロッパ編」で明らかにした。芸術大国フランスにアメリカの大衆文化（ディズニーランド）が進出することは「文化のチェルノブイリ」と批判された。1986 年のウクライナのチェルノブイル原発事故はヨーロッパ中を核で汚染した。フランスが世界に誇る芸術が米大衆文化に汚染されるという意味である。

第 3 に、2007 年にアブダビが東京での世界旅行博覧会に初出展し、日本人観光客誘致を誘致した。アブダビにとって、日本人は観光誘致対象である。

ルーブル・アブダビは、アブダビにとっては観光客誘致の核で文化都市の中核施設、**フランスにとっては産油国の資金獲得**手段である。フランスの文化人や美術関係者は「フランスの魂を金で売った」と批判した。このセリフは、日本のバブル期に松下電器

---

[78] 2017/12/07 NHK ニュース「史上最高額落札のダビンチ油絵　UAE の仏・ルーブル美術館別館に所蔵へ」

とソニーがアメリカのハリウッド大手映画会社を買収した時の批判と同じである。ハリウッド映画はアメリカ人の魂であり、誇りである。「アメリカの魂を金で売った」と批判された。ハリウッドの映画業界は、その時世界で最も資金力のある国から資金調達する。これと同じ現象がフランスの美術界でも起こっているのではないか。アブダビは米同時多発テロ事件以降、石油価格高騰で巨万の富を得た。フランスは美術界トップのブランド力のルーブルやレオナルド・ダビンチ作品を売って資金調達したのである。ネイミングライツ・ビジネスは盛んであるが、名称使用権だけで 310 億円とは初めて聞いた。世界一の価格だと思われる。フランス政府もルーブル美術館も商売上手である。

第Ⅲ部　他の中東諸国

　ドバイの経済成長に驚き、刺激された中東諸国はドバイを倣って観光開発を開始した。特に地下資源の豊富なサウジアラビアとカタールは巨費を投じて観光開発を推進している。サウジアラビアとカタールは大規模な観光開発を行っており、そのプロジェクトの一部にテーマパークがある。ここでは、サウジアラビアとカタールを中心に資源依存脱却と観光立国推進の経緯を考察する。あわせてバーレーン、ヨルダン、パレスチナ、レバノンについても若干考察する。

第6章

サウジアラビアの観光開発とテーマパーク開発

1. はじめに

　中東の観光開発といえばドバイが目立つが、サウジアラビア（以降サウジ）はドバイを凌ぐ資源大国で、観光開発に巨費を投じることができる。

　本章では、サウジの観光開発とテーマパーク開発の経緯を考察する。第1にドバイ成功以前の観光開発、第2にドバイ成功後の観光開発、第3に巡礼ツーリズムの産業化とサウダイゼーション、第4に極端な高額投資で巨大プロジェクト、第5にサウジのテーマパーク開発の経緯を考察する。サウジはドバイの成功に刺激されたとされるため、ドバイ成功前後で分けて考察する。

サウジアラビアの概要

　サウジアラビア王国[79]（Kingdom of Saudi Arabia）は215万km²（日本の約5.7倍）、人口3370万人（2018年世銀）、うち自国民73%（2018年ミリタリーバランス）、外

---

[79] 外務省「サウジアラビア王国」2024年3月28日アクセス

国人 27％（アジア 20％、アラブ 6％、アフリカ 1％、ヨーロッパ 1％以下）、首都リヤド、民族アラブ人、言語アラビア語（公用語）、宗教イスラム教である。

政治体制　君主制、元首はサルマン・ビン・アブドルアジズ・アール・サウード国王（2015年即位、第 7 代国王）。議会は諮問評議会制。**王制の維持、イスラム法の堅持**および国内開発の推進を基本方針とする。国王が閣僚会議を主宰し、**重要ポストは王族**が占める。石油、財政、経済開発等の実務はテクノクラート（技術官僚）が運営する。伝統的に国内有力者間のコンセンサスを重んじる慎重な政策運営が基本である。2015 年、アブドラ第 6 代国王の崩御に伴い、サルマン皇太子が第 7 代国王に即位した。2017 年、ムハンマド・ビン・ナーイフ皇太子が解任され、ムハンマド・ビン・サルマン副皇太子が皇太子に昇格した。サルマン国王およびムハンマド副皇太子（当時）が主導し、国家の脱石油化と産業多角化等を目指した「サウジ・ビジョン 2030」を策定した。

外交　二大聖地メッカとメディナを擁するイスラム世界の中心的存在として湾岸協力理事会（GCC）、アラブ連盟等で主導的立場にある。アラブ諸国唯一の G20 メンバー国である。伝統的に西側諸国と穏健で協調的な外交を展開する。

産業　主要産業は石油（原油生産量 1,050.9 万 B/D：2022 年 Energy Institute 統計）、LPG、石油化学である。GDP 約 1 兆 1081 億ドル、一人当たり GDP3 万 447 ドル、実質 GDP 成長率 8.7％、物価上昇率 2.5％、失業率（外国人労働者を除く）5.6％（2022 年世銀）である。輸出 4106 億ドル、輸入 1896 億ドル（2022 年サウジアラビア統計局）である。主要輸出品目は鉱物性燃料（原油等）、化学製品、原料別製品（非鉄金属等）、主要輸入品目は機輸送用機器（自動車等）、一般機器（原動機等）、原料別製品（鉄鋼等）、電気機器である。主要輸出相手国は中国、日本、韓国、インド、米国、主要輸入相手国は中国、米国、UAE、ドイツ、インドである。

経済　同国は世界最大級の石油埋蔵量、生産量、輸出量を誇るエネルギー大国で、**輸出総額の約 9 割、財政収入の約 8 割を石油**に依存する。OPEC（石油輸出国機構）の指導国として国際原油市場に強い影響力を持つ。若年層への雇用機会の増大と石油依存脱却が最重要課題である。サウジアラビア人労働力の積極的利用（サウダイゼーション）や石油部門以外の部門の発展に力を注いでいる。

---

https://www.mofa.go.jp/mofaj/area/saudi/data.html

2. サウジアラビアの観光開発：ドバイ成功以前
アルワリード王子、ヨルダンでリゾート開発

　サウジの観光開発は 1990 年代後半に始まった。1998 年 1 月、サウジのアルワリード・ビン・タラール王子（第 7 章）はヨルダンのアカバ湾でホテルや会議場、ゴルフ場などを組み合わせた大規模なリゾート開発事業に着手した。近く設立する新会社に出資し、主要株主となる。同王子はエジプト、レバノンでホテル・観光開発事業を進めるなど、中東和平の関連地域に進出していた。アカバ湾のリゾートはホテルや国際会議場、展示場などを備えてビジネス客を誘致し、ゴルフ場や乗馬クラブ、マリーナなどの娯楽施設も併設する。新会社ビジネスツーリズム・インベストメント社が運営する。同王子はヨルダンの首都アンマンで、フォーシーズンズ・ホテルを建設中の「レッドシー・ツーリズム・インベストメント社」に 25％出資する。同国内の外資系銀行にも資本参加するなど、ヨルダンでの事業に力を入れている[80]。

日本人を観光誘致、電気・自動車分野への投資も目的か

　1998 年 5 月、サウジが例外的に日本人観光客を受け入れ始めた。サウジは石油以外に有力産業が無いため観光開発を検討し始めた。国営サウジアラビア航空日本事務所（奥田重元代表）が 1996 年 11 月から 10 日前後のツアーを始めた。サウジには観光ビザがないため、「サウジ経済事情調査」というビジネス名目で入国するが、中身は観光である。中東調査会研究員の保坂修司は「石油に依存するサウジで観光振興は産業多角化の試みの一つ」と述べた。また関係者は「日本から電機、自動車などの分野への新規投資を呼びたいとの思いもある」「日本との絆を深めようとの思惑もあるようだ」と言う。ツアー料金は約 60 万円からと高いが、これまでに約 400 人が参加した[81]。
　この件について在リヤドの米・独大使館が「なぜ日本人だけなのか」と抗議した[82]。

---

[80] 1998/01/14 日経産業新聞 18 頁「サウジ王子、ヨルダンでリゾート開発。」
[81] 1998/05/25 東京読売新聞　夕刊 1 頁「サウジ観光　日本人には門戸開放　投資呼び水に?」
[82] 1998/06/17 東京新聞夕刊 7 頁「レジャー　サウジアラビア　日本に開かれた「最後の秘境」」

大型リゾート開発に 26 億ドル

　1999 年 4 月、サウジは石油依存型経済からの脱却を目指し、**国家観光委員会**を設置して観光開発を本格化させた。今後 5 年間にリゾート開発などで 26.2 億ドルを投じる。サウジは人口約 2000 万人でイスラム教の聖地メッカへの巡礼やビジネス客など年間 700 万人が訪れる。経済の新たな柱として観光開発を目指す。サウジ国内での観光開発計画にはホテルや海岸リゾート、テーマパークなどが含まれる。特に紅海沿岸の経済都市ジェッダでは、海中レストランなどを備えた大型マリンリゾート「アル・ブハイラット・ツーリスト・シティ」の建設計画が進む。最大収容人員 1.8 万人、総事業費約 13 億ドルと中東最大級である。紅海沿岸ではヨット 350 隻を収容可能のマリーナなどを持つ大規模施設「デュラット・アル・アルース・リゾート」が建設中である。ペルシャ湾沿岸の東部州でも同国初の屋外型テーマパーク「サウジ・アミューズメントセンター」建設で総工費約 2100 万ドルの基本計画が固まった。厳格なイスラム教の戒律を守るサウジでは、娯楽施設が少ない。しかし、リゾート開発が軌道に乗れば、外国人だけでなく人口の半分を占める 15 歳以下の若年層にも利用が広がる可能性がある[83]。

先進国中心、女性客は制約あり、観光会社が儲けすぎて高額か

　2000 年 10 月、ジェトロ・リヤドがサウジ・ホテルリゾートに確認したところ、2000 年に入ってから発給された観光ビザは総計 261 グループ、6546 人である。その内訳はドイツ 72 グループ、2377 人、日本 47 グループ、988 人、米国 25 グループ、846 人、スペイン 32 グループ、568 人、英国 15 グループ、350 人、以下、スウェーデン、デンマーク、フランス、オーストリア、スイス、イタリアなどである。観光ビザ発給に際しては、グループ旅行であること、入国する際に国営サウジアラビア航空を利用することが条件となっている。女性の観光客は 40 歳以上でなければ単身では入国できず、40 歳未満の女性は両親または配偶者の同伴が義務付けられている。政府は今後民間部門が観光開発において主導的な役割を担うと期待している。過去数年間に民間部門は観光会社設立や観光開発などに約 66 億ドルを投資している。しかし観光客の多くは観光会社が

---

[83] 1999/04/06 日経産業新聞 19 頁「観光投資に 5 年で 26 億ドル、サウジ、石油依存脱却。」

儲け過ぎで値段が高いと感じており、もっと多くの観光客を誘致するには適正な値段を実現する必要があるとの見方が多い[84]。

関西空港からサウジに初の直行便

　2001年4月28日からのゴールデンウィークに、関西空港からサウジに直行便が出た。サウジにとっては建国（1932年）後、初の外国人観光客用チャーター便である。旅客機の定員（358人）を超す500人以上の申し込みがあった[85]。

米同時多発テロ後もメッカに多数の巡礼者、6万人が警備

　2002年2月、聖地メッカを巡礼するイスラム教最大の年例宗教行事「巡礼（ハッジ）」が始まった。サウジ政府は911テロ以降、イスラム圏の反米感情が高まる中で行われる初めての巡礼なので、デモなどを防ぐために治安兵力と保安要員など約6万人を配置した。メッカの上空にヘリが監視飛行し、聖地各地に2000台余りの無人カメラが設置された。サウジ当局によると、同月17日までに世界160ヶ国余りから134万人のイスラム教徒が入国した。この中にはアフガニスタンからの巡礼者も入国した。サウジとパキスタン、英国などは航空機を動員して巡礼ビザをもらったアフガニスタン人1万2500名余りを入国させた。この他にメッカではインドネシア（20万名）、パキスタン（13万名）、インド（11万名）、トルコ（9万名）、エジプト（8.8万名）の150万人余りの外国人巡礼者が来た。これまで巡礼期間中は、おびただしい数の巡礼者が一度に集まるため、将棋倒しの事故や火災など各種事故が絶えず起きている[86]。

サウジへの観光ビザで日本は最も優遇される国の一つ

　2003年10月、観光開発を担当するスルタン王子はリヤド市内でNHKのインタビューに応じた。「今後日本人観光客に対するビザの発給基準を緩め、さらに数年以内にインターネットを通じてビザの申請ができるようにする」「観光を促進するために、今後

---

[84] 2000/10/23 通商弘報「観光ビザ発給は先進諸国向けが中心（リヤド発）」
[85] 2001/04/27 朝日新聞　朝刊39頁「関西空港からサウジアラビアに直行便（青鉛筆）【大阪】」
[86] 2002/02/21 東亜日報「サウジアラビア巡礼者でいっぱい、反米行動を心配」

は観光評議会が外国人観光客に対するビザの発給を担う。これまでの経験から日本は最も優遇される国の一つになる」と述べた[87]。

3. サウジアラビアの観光開発：ドバイ成功後
イスラム教徒の所得向上でメッカ礼拝者増加

　2004年末、メッカの本格的な開発が始まった。政府系建設会社が神殿の周辺6ヶ所に高層住宅などを建てる合計120億サウジリヤル（約3800億円）のプロジェクトを発表した。英国在住のサウジ人などが2006年にアルファ1エステート社を設立し、メッカともう一つの聖地メディナに40階建ての高層ビル群を建設する。インターコンチネンタル、メリディアンなどの大手ホテルチェーンも続々とメッカやメディナに進出している。2007年8月にはメッカ中心部のカーバ神殿周辺は摂氏50度を超える暑さの中、大量の巡礼者が来た。メッカの至る所に建設用のクレーンが並び、新築の高層ホテルや期間貸し高級マンションなどが建設されていた。地価は毎年数十％以上上昇している。神殿に近い超一等地の取引価格は1平米あたり50万サウジリヤル（約1600万円）といわれる。建設ラッシュの背景には、宗教意識の強まりと所得水準の上昇で巡礼者が世界的に増えていることがある。カルバラでは住宅開発の計画や新国際空港の建設計画も進む。**古くから巡礼者は来たが産業としての視点は無かった**。人口増加、原油価格上昇など様々な要素が重なり、観光開発が始まった[88]。

メッカ巡礼の外国人4人が新型インフルで死亡

　2009年11月、サウジ保健省はメッカ巡礼のためサウジを訪れていた外国人4人が新型インフルエンザで死亡したと発表した。4人は75歳のインド人男性、モロッコ人女性、スーダン人男性、17歳のナイジェリア人女性で、予防接種は受けておらず、入国から数日後に発症した。巡礼には約160ヶ国から250万人以上の訪問が予想される[89]。

---

[87] 2003/10/13 NHKニュース「サウジ　邦人観光客のビザ発給基準緩和」
[88] 2007/08/31 日本経済新聞　朝刊6頁「第4部重み増す経済力(4)観光開発、聖地で進む（イスラム）終」
[89] 2009/11/23 東京読売新聞　朝刊4頁「メッカ巡礼4人が新型インフル感染で死亡　空港など警戒／サウジアラビア」

メッカで巡礼者 719 人が圧死する事故

　2015 年 9 月、メッカ近郊で多数の巡礼者 719 人が混雑の中、折り重なって倒れ死亡した。事故を受けてサルマン国王は同日夜、犠牲者に対する弔意を表明し、速やかな原因調査を約束した。事故現場はメッカから数キロ離れた「ミナの谷」の交差点である。巡礼最終日の主要儀式である「石投げ」に向かう人たちと、儀式から戻る人たちがぶつかったとされる。ファリハ保健相は地元テレビで「巡礼者の多くが時間表に従わず行動した」「サウジ当局の指示に従っていれば、この事故は避けられた」と主張した[90]。

メッカの聖モスクでテロ未遂し自爆

　2017 年 6 月、サウジ内務省はメッカ中心部の「聖モスク」近くでテロ事件を未然に防いだと発表した。治安部隊と銃撃戦の末に男 1 人が自爆し、11 人が負傷した。この日はラマダン（断食月）明け前の最後の金曜日の礼拝があり、大勢の巡礼者が集まっていた。過激派組織「イスラム国（IS）」などサウジ王室と敵対する勢力がテロを実行した可能性がある[91]。

紅海に高級ビーチリゾート計画

　2017 年 8 月、サウジは大規模な観光開発プロジェクトとして紅海に浮かぶ 50 の島などが、高級リゾートを開発し始めた。外国人のビザ制限は、観光エリアは緩和される。新しいリゾート施設は 2019 年に着工する。第 1 段階で新しい空港、高級ホテル、住宅を 2022 年完成予定で建設する。この観光プロジェクトは同年 6 月に王位継承順位 1 位に昇格したムハンマド皇太子が指揮する「ビジョン 2030」計画の一環である[92]。

日立製作所がリヤドメトロを 3250 億円で受注

　2018 年 6 月、日立製作所の鉄道システム事業におけるグループ会社であるアンサルド STS 社がとりまとめる FLOW コンソーシアムはリヤド市開発局（Ar Riyadh

---

[90] 2015/09/25 共同通信ニュース「サウジ国王、安全対策見直し指示—メッカ事故死者 719 人に」
[91] 2017/06/24 中日新聞夕刊 3 頁「サウジ・メッカのモスクでテロ未遂　男 1 人自爆」
[92] 2017/08/02 BBC NEWS JAPAN「サウジ、紅海に高級ビーチリゾート計画」

Development Authority）から12年間のリヤドメトロ3、4、5、6号線の運行および保守サービスを約29億米ドル（約3250億円）で受注した。うち、アンサルドSTS社の受注金額は約10億米ドル（約1100億円）である[93]。

皇太子が主導して外国人観光客受け入れ

2019年9月、サウジは外国人観光客を受け入れる方針を発表した。ムハンマド皇太子が主導する石油依存経済からの脱却に向けた取り組みとして外国人観光客を受け入れる。サウジは外国人への観光ビザの発給を始める。それまでビザの発給はイスラム教巡礼者やビジネス目的、外交関係者、出稼ぎ労働者とその家族などに限られた。サウジはGDPに占める観光の割合を現在の3％から2030年までに最大10％に拡大する目標を掲げる。雇用創出につながる国内外からの大型投資も呼びたい。そのために未来都市「NEOM（ネオム）」とエンターテインメント地区「Qiddiyah（ギッディーヤ）」が建設中である[94]。

未婚の外国人カップルにホテル宿泊を許可

2019年10月、サウジは未婚の外国人カップルがホテルの同じ部屋に泊まることを許可した。サウジは超保守的なので、ホテルに宿泊するカップルは婚姻関係にあることを証明しなければならなかった。ただし観光当局は、観光客が露出度の高い服装や公共の場での愛情表現などの「良俗」に反した場合は罰金刑の対象になると警告した[95]。

年間1億人の観光客目指す

2020年12月、ジェトロは第4回「日・サウジ・ビジョン2030ビジネスフォーラム」をオンライン形式で初開催した。両国の要人らが参加し、約580人が聴講した。両国間の戦略的パートナーシップ「日・サウジ・ビジョン2030」の下、サウジは投資省（MISA）

---

[93] 日立製作所ニュースリリース「アンサルドSTS社がとりまとめるFLOWコンソーシアムが、サウジアラビア リヤドメトロの運行および保守サービスを約3,250億円で受注」2024年7月5日アクセス https://www.hitachi.co.jp/New/cnews/month/2018/09/0918b.html
[94] 2019/09/27 ウォール・ストリート・ジャーナル日本版「サウジ、外国人旅行者受け入れへ」
[95] 2019/10/07 CNN.co.jp「サウジのホテル、未婚の外国人カップルの宿泊を許可」2024年6月21日アクセス https://www.afpbb.com/articles/-/3248340

を中心に、主に観光とイノベーション分野でのビジネス協力の可能性や投資を呼び掛けた。観光省は、観光は「ビジョン2030」の柱の1つで世界トップ5の観光地を目指すために、(1)年間1億人の観光客来訪、(2)観光業のGDP比率向上（3％から10％に）、(3)観光業による100万人の雇用創出という3つの目標があり、ホテル増設や空港を開発すると発表した[96]。

4. 巡礼ツーリズムの産業化とサウダイゼーション
巡礼ツーリズムの産業化促進

　2016年1月、サウジで巡礼者を観光業に取り込む「巡礼ツーリズム」の動きが活発で、新たな雇用や原油輸出を補完する収入となることが期待された。経済企画省中央統計局のデータ（2014年）によると、1年間にサウジに入国する外国人は2784万人に上る。これは総人口3077万人の3分の1を占める約1000万人が外国人労働者で、2大聖地を国内に抱えるためとみられる。毎年巡礼の時期に約130万～170万人のイスラム教徒が外国から来る。通年、聖地参詣（ウムラ）のためにサウジを訪れる外国人が増加する。巡礼には巡礼ビザ取得が必要となるが、サウジでは外国人巡礼者に聖地以外の場所に周遊してもらう「巡礼ツーリズム」を推進している。国内の観光振興のための政府機関として、国家遺産観光庁（以降、観光庁）がある。組織の前身である観光委員会は2000年に発足され、博物館や4ヶ所の世界遺跡管理などが追加され、2015年6月からこのような組織になった。長官は現サルマン国王の息子で、アラブにとって初の宇宙飛行士となったスルタン・ビン・サルマン氏が2008年から務める。サウジの観光産業振興には、遺跡など観光資源の整備、サービス事業者の育成に加え、ホテル・家具付きアパートなど宿泊設備の建設、観光地に隣接する商業モールやスポーツ施設の整備というハード、ソフト両面が含まれる[97]。

---

[96] 2020/12/22 ジェトロ・ビジネス短信「観光やイノベーション分野の投資を呼び掛け、「日・サウジ・ビジョン2030 ビジネスフォーラム」（中東アフリカ課）」
[97] 2016/01/29 通商弘報「脚光を浴び始める観光産業の振興－新たな雇用と歳入増に期待－（リヤド発）」

サウダイゼーション促進

　サウジ政府は石油依存の産業構造を多角化し、今後も増え続けるサウジ人若年層の就業機会を創出するため、外国企業誘致、経済都市開発、産業クラスター形成といった産業政策に加え、<u>サウダイゼーションという自国民雇用促進政策を強力に推し進める</u>など、様々な対策に取り組む。2015年3月に観光庁と労働省の間で、観光産業におけるサウジ人雇用の促進に関する合意書が結ばれた。その後、観光庁統計情報センターは2014年末時点で9.4万人余りだった観光業におけるサウジ人の就業者数が、今後10年で3倍以上の31.7万人になると発表した[98]。

公務員を削減し民間就業者を増加できるか

　2016年、サウジ政府は石油中心の経済を多様化し、公共部門を縮小するため、国民に民間部門の仕事に就くことを奨励し始めた。過去数十年間、公共部門はサウジ国民に最上の職場と給与を提供してきた。**尊敬され、あまり多くを要求されない高収入の仕事を生涯**得られるため、サウジの労働人口の3分の2を公務員が占める。しかしサウジは2年に及ぶ石油価格低迷にあえぐ。政府は公務員数を削減すべきとの圧力を受け、民間部門で働くよう公務員に求めた。それがサウジの「国家変革計画（NTP）」の中心的な柱である。NTPは2020年までの新5ヶ年計画で、サルマン国王の息子で強大な権限を持つムハンマド副皇太子の肝いりで作成された。サウジの民間部門はGDP40.5%を占める。石油は2015年の政府歳入の約70%を占めた。NTPでは公務員賃金支出額を予算の45%から2020年までに40%に減らすことを目指す。公共サービスの規模を20%減らす。NTPに約2700億リヤル（約7.8兆円）が必要で、おおむねサウジの肥大化した公共部門の効率化に使われる。特に民営化に力点が置かれる。NTPでは2020年までに約45万人分の民間部門の職場を創出し、サウジ人を就業させる。サウジでは長年、公共部門の仕事が好まれてきた。このためサウジ政府の難題は、<u>民間部門で働こうという意欲を労働者に持たせるメンタリティの変化</u>である。アラジ人事相は「政府の仕事に応募する人々の数は増えている。政府部門の仕事は安定度が極めて高く、誰もが行きた

---

[98] 2016/01/29 通商弘報「脚光を浴び始める観光産業の振興－新たな雇用と歳入増に期待－（リヤド発）」

がる」と述べた。リヤドのキング・サウド大学の調査結果では、リヤドで調査したサウジ人の 80%が民間部門で働くよりも政府の仕事に空きができるのを待つと回答した。その理由として、**仕事のペースがゆったり**していること、**休暇期間が長い**こと、**短い労働日数**を挙げた。サウジ政府は<u>観光業</u>を発展させたい。例えば、サウジに来る巡礼者の数を増やし、多くの国民に休暇をサウジ国内で過ごしてほしい。政府は 2020 年までにサウジ人の半数を民間部門で雇用することを望む。さらにサウジの人口の約 3 分の 2 が 30 歳未満なので、サウジは雇用創出を優先せざるを得ない。過去数十年間、サウジ王家は石油マネーを使って寛大な福祉制度に資金提供し、国民を非課税としてきた。しかし石油価格の低迷を受けて、政府は国民に対し、自力で富を生み出すよう求める[99]。

5. 極端な高額投資で巨大プロジェクト開始
ドバイから経済拠点の地位を奪おうと躍起

2021 年 2 月、サウジは外国企業に対し、2024 年までに同国内に地域統括本部（HQ、エリア・ヘッドクオーター）を置かなければ、サウジ政府との商業取引を停止すると発表した。サウジは金にモノを言わせてライバルのドバイを出し抜こうと躍起になっている。2021 年 1 月時点で、サウジは多国籍企業 24 社の誘致に成功していた。ドバイからリヤドへ HQ 移転を決めた企業の中には、世界最大で 4 大会計事務所の一つ、デロイト・トウシュ・トーマツ会計事務所や、世界最大級建設会社ベクテル、ペプシコーラなどのアメリカ企業や、インドのホテル・不動産ユニコーンのオヨ・ルームズ（OYO）が含まれる。サウジの投資大臣は「特定の都市や国を狙ったわけではない。我々がターゲットにしているのは企業」と述べた。しかしサウジを中東最大の金融と観光の中心にして、UAE の座を奪おうとしているのは明らかである。ドバイの外国企業誘致は、ドバイ政府が長年行ってきた努力の賜物である。ドバイに HQ を構えた企業の移転は容易ではなく、どの会社も腰が重い。ドバイの競争力はサウジより柔軟な法律にある[100]。

---

[99] 2016/06/08 ダウ・ジョーンズ新興市場・欧州関連ニュース「DJ－サウジアラビア、民間部門拡大に苦戦　公務員削減がカギ」
[100] 2021/03/03 東洋経済オンライン「サウジがドバイに仕掛けた経済戦争の真意／中東の経済覇権を狙うサウジの野望から見えるもの」

未来都市「ネオム」の総責任者の壮絶パワハラで外国人幹部、退職続出

　2020年夏、サウジが計画中のハイテク都市「NEOM（ネオム）」のスポンサーを務めていたビデオゲーム2社が契約解除した。サウジの人権問題に対するファンの苦情を受けた措置だった。ネオムのナドミ・アル・ナスル CEO は週末に緊急会議を招集し、そうした事態が起きる可能性があるとなぜ警告しなかったのかと自身の情報連携チームを問い詰めた。ナスル氏は「もし誰に責任があるのか言わなければ、机の下から銃を取り出しておまえを撃つ」と言った、とこの会議を直接知る複数の関係者が明かした。その会議に出席した人の大半がその後ネオムを離れた。外国人スタッフの大量流出の一例だと現・元従業員らは言う。ネオムはムハンマド皇太子が手がける最も野心的なプロジェクトで、米マサチューセッツ州ほどの面積に、独自の法律を持つ未来型テクノロジーのコミュニティが集まる。同皇太子は将来ここに空飛ぶ車やロボット恐竜、巨大な人工月が登場することを望む。世界最高のエンジニアや建築家、経営者、都市計画者の助けを借りて、石油依存から脱却させる。何万人ものホワイトカラーの外国人移住者が、同皇太子の下で始動した新都市や産業を生み出す数十億ドル規模の事業を主導するために集まっている。この構想には5つのギガプロジェクト（その1つがネオム）や多くのより小規模な不動産開発事業や新興企業が含まれる。

　しかし、嫌気がさした多くのスタッフが逃げた。元幹部によると、外国人スタッフを見下したり、非現実的な要求をしたり、差別を黙認したりするという。ギガプロジェクトの2つは合併し、3つは外国人 CEO が去り、全てにおいて経営上層部が交代した。100億ドル（約1兆2900億円）かけて首都リヤドに建設中の金融街と、50の娯楽施設を手がける不動産開発会社の米国人 CEO も辞職した。両者ともコメントの要請に応じなかった。同皇太子がネオムのトップに起用したナスル氏は、従業員を厳しく叱りつけ、怖がらせているとネオムの現・元従業員らは言う。ナスル氏の指揮下でネオムの従業員1500人のうち数十人の外国人幹部が会社を辞めた。ウォルト・**ディズニー**やシーメンス、マリオット・インターナショナルなどから引き抜かれた多くの人が辞職または解雇された。**年収50万ドル（約5000万円）** 以上の契約を放棄してでも辞めたと元従業員らは言う。米カリフォルニア州のスキーリゾート「パリセーズ・タホ」の元 CEO、アンドリュー・ワース氏は2020年夏、ネオムで計画されている山岳リゾート事業のトップの職を辞した。ウォール・ストリート・ジャーナル（WSJ）が確認した辞表の中で、

同氏はナスル氏のリーダーシップが「一貫して中傷を含み、不適切なほど否定的で屈辱的な怒りの爆発があった」と述べた。サウジ政府は取材拒否した。

　ネオムは声明の中で、この都市は「世界がこれまで見たことのない規模と野心」「今後も有能な人材を維持し、引きつける」と述べた。ナスル氏は同皇太子の構想に沿い、いかなる犠牲を払っても総額5000億ドルのプロジェクトを実現しようと全力を注ぐ。2030年までにネオムを作り上げることについてナスル氏は2019年11月の会議で「時間との闘い」「非常に高い要求を一人一人がこなさなくてはならない」と述べた。同皇太子が進める経済改革は2030年がリミットである。だが、スタッフの離職がプロジェクトの進展に響いていると、現・元従業員は言う。計画を監督する政府系ファンド、パブリック・インベストメント・ファンド（PIF）の広報担当によると、100を超えるプロジェクトで多国籍の人材が働いており、その数は次第に増えている。

　一部の元幹部によると、皇太子は非現実的な要求をする上に、意見をたびたび変えるという。サウジの実業家や王族が汚職の疑いで投獄されたり、反体制派が弾圧されたりすることで関係者に不安が高まり、恐怖の文化が生まれたと彼らは言う。ナスル氏は会議でスタッフに「砂漠で死んでこい」「私は全員を奴隷のように動かせる」「彼らが倒れて死んだら褒めてやる。それが私のやり方だ」等の暴言を吐いたとナスル氏と直接仕事をした複数の人は言う。ナスル氏は国営石油会社サウジアラムコに在籍した頃の実績や、紅海に面した大学複合施設の開発などで、同皇太子に強い印象を残したと、ネオムの現・元従業員は述べた[101]。

大衆向けの観光立国目指し140兆円投資

　2022年9月、サウジは今後10年間に1兆ドル（約140兆円）を投じ、サウジを大衆向けの観光地に転換すると発表した。そのためクルーズや紅海の高級リゾート地、環境に優しい砂漠の宿泊施設などの開発が進められる。しかし受け入れ態勢はまだ整っておらず、間に合わせのインフラで、ツアーガイド養成やホテル建設が必要である。同皇太子は2030年までに年間5500万人の外国人観光客を誘致したい。世界で最も人気の

---

[101] 2022/06/02 ウォール・ストリート・ジャーナル日本版「サウジ見切る外国人幹部、未来都市ネオムに影」

観光大国フランスを 2019 年に訪れた観光客の半数強にあたる人数である。サウジの 2021 年の外国人観光客は宗教巡礼者を除いて約 350 万人で、2022 年上期は 610 万人だった。新型コロナ流行下の国内観光客の急増でインフラ不備が露呈し、サウジ政府は 40 億ドルを投じて民間企業の投資を促した。国内に 26 軒のホテルを持つホテルチェーンのラディソン・ホスピタリティは今後 3 年以内にさらに 20 軒オープンする。ヒルトン・ワールドワイド・ホールディングスは既存の 16 軒に加え、向こう 10 年で 75 軒の開業を目指す。社会的な規制の一部（公共の場で親族でない男女が同席することを禁じるなど）は緩和されたとはいえ、アルコールは違法で、女性の服装はほとんどのビーチでさえ制限されている。観光客誘致のためには、旅行マニアや裕福な退職者だけでなく、大衆に訴求する必要がある。それを目指し皇太子を支援している一人が、バハマから南アフリカまで世界各地でホテルやリゾートを立ち上げてきたニューヨーク・ブルックリン出身の実業家ジェリー・インゼリロ氏（68）である。同氏は 2018 年に 400 億ドルの開発プロジェクト「ディルイーヤ」を指揮する役職に起用された。ディルイーヤは 1700 年代に支配者一族が権力を握ったリヤド近郊にある泥レンガ造りの遺跡が並ぶ地域で、一部の建物は世界遺産に登録されている。このプロジェクトは国内消費と国際アピールの双方を目的として、歴史地区を中心にサウジ発祥の物語を構築することを目指す。ディルイーヤは全長 120 キロメートルに及ぶ 2 棟の高層ビルをはじめ、サウジの一連の大規模プロジェクトの中で最も進展しているものの一つである。歴史地区は 2030 年までに年間 2700 万人の観光客誘致を目指す[102]。

中国と経済連携し総額 4 兆円の投資に調印

　2022 年 12 月、サルマン国王とムハンマド皇太子は中国の習近平国家主席と会談し、2 年ごとの首脳会談や両国の「包括的戦略パートナーシップ協定」に合意した。その協定には、習氏が掲げる中国の巨大経済圏構想「一帯一路」とサウジの「ビジョン 2030」の連携が盛り込まれた。「ビジョン 2030」は総工費 5000 億ドル（約 70 兆円）の人口 900 万の未来都市「ネオム」建設をはじめ、観光立国、スポーツ振興などが含まれ、膨

---

[102] 2022/09/06 ウォール・ストリート・ジャーナル日本版「サウジ、観光立国目指し 140 兆円投資　産業創出へ」

大な資金が必要となる。サウジは一帯一路と連携し、中国マネーを取り込みたい。国営サウジ通信によると、両国が調印した投資案件はグリーン水素、自動運転技術、医療など多岐にわたり、総額約300億ドル（約4兆円）に上る[103]。

新型コロナウィルス流行で聖地巡礼激減、新ビザ発給

　サウジにとって、巡礼者の消費は外貨獲得手段である。新型コロナ前の2019年の巡礼関連収入は120億ドル（約1.6兆円）で、GDPの約1.5%を占めた。サウジは「2聖モスクの守護者」とも呼ばれ、巡礼者の受け入れがイスラム世界の盟主としての権威を維持する要素の一つになっている。国連世界観光機関（UNWTO）によると、サウジアラビアへの外国人訪問者は2019年に2029万人だったが、2020年には488万人に減った。サウジ外務省、観光省などは、サウジを経由して第三国へ渡航する際に、サウジ滞在を認める「ストップオーバービザ」を発給すると発表した。新ビザでは、サウジで航空機を乗り継ぐ場合の乗り継ぎ時間を利用して最大96時間のサウジ国内への滞在を認める。短時間でも観光や巡礼を促し、国内での消費を喚起する[104]。

サウジ国営航空リヤドエア、2025年就航目指す

　2023年4月、サウジで新たな国営航空会社リヤドエアが設立された。トニー・ダグラスCEOは日本経済新聞の取材に、「サウジは中東湾岸諸国で最多となる人口約3500万人を抱え、GDP成長率はG20で2番目。未来都市ネオムの開発や世界遺産がある北西部アルウラの観光開発などに大規模に投資している」。既存の国営航空サウディアとの差別化は「サウディアの拠点は西部の経済都市ジェッダで、近接するメッカなどとの巡礼時の交通手段を提供し続ける」とコメントした[105]。

---

[103] 2022/12/10 朝日新聞　朝刊9頁「中国、サウジと経済連携加速　総額4兆円の投資案件に調印」
[104] 2023/02/06 日経産業新聞 13頁「サウジ、聖地メッカへの大巡礼の規制撤廃　観光戦略を立て直し」
[105] 2023/04/04 日経速報ニュースアーカイブ「サウジの国営航空リヤドエアCEO「25年初就航めざす」」

日本の国交省・観光庁と観光覚書を締結

　2023年7月、国土交通省・観光庁は岸田文雄総理大臣の中東訪問にあわせてサウジの観光省と観光分野に関する覚書（MOU）を締結した。両国は持続可能な観光開発を達成するための協力推進や展示会、会議への参加促進、観光分野におけるデジタル技術やデジタル変革促進の協力、観光関連の情報・データ共有の促進などを行うことで合意した。覚書では観光分野における情報と専門知識の交換、観光分野における相互投資の促進、観光客の相互往来拡大の促進、それぞれの国の観光事業者に対し、共同の観光計画と活動の提供と両国で開催される展示会や会議への参加を奨励することなどで一致した[106]。

欧米の4大監査法人に依存し巨額支出、観光省の次官はマッキンゼー出身

　2024年5月、一部のサウジ政府関係者は、サウジの省庁が4大監査法人のデロイト、アーンスト・アンド・ヤング（EY）、KPMG、プライスウォーターハウスクーパース（PwC）の他、専門性の高い欧米の戦略コンサル会社に過度に依存していると懸念する。サウジ国内では外国企業が国の運営に影響力を増していることへの不満が高まっている。ムハンマド皇太子が2016年に改革を開始してから、コンサル会社の起用が拡大した。厳しい締め切りに間に合わせ、紅海の観光開発やハイテク産業育成といった新たな課題に取り組むため、各省庁はマッキンゼー・アンド・カンパニー、ボストン・コンサルティング・グループ（BCG）やPwC傘下のストラテジーアンドを含め、海外のコンサル会社の助力を一層求めている。調査会社ソース・グローバル・リサーチ（SGR）によると、サウジのコンサル市場は2023年に過去最大の30億ドル（約**4700億円**）に達した。コンサル会社に依存しているため、経済改革が始まって以降設立された多くの政府機関が機能するにはコンサル会社の存在が前提となっている。省庁の幹部にコンサル出身者もいる。観光省の次官2人はマッキンゼー出身である。PwCサウジ事務所で働く2300人の56%はサウジ国民だが、100人余りのパートナーのうちサウジ国民は15～20人に過ぎない[107]。

---

[106] 2023/07/27 WING DAILY「日本、サウジアラビア・UAEの2国と観光覚書締結　持続可能な観光開発への協力推進などで協力」
[107] 2024/05/14 NIKKEI FT the World「サウジ、政府の外部コンサル依存に高まる不満」

巨大都市構想「ネオム」は皇太子の野心とギャンブルか

　2024年5月、何千台ものトラックと掘削機が毎日24時間稼働を数週間続け、世界最大の建設プロジェクト「ネオム」の建設が進んでいた。ニューヨーク市の人口を上回る人を呼び込むための巨大プロジェクトである。中核施設となる「ザ・ライン」は数兆ドルの構造物で、ニューヨークのエンパイアステートビルより高いツインビルが約170キロメートル伸び、900万人を収容できる。指揮を執るムハンマド皇太子はこのプロジェクトをエジプトの三大ピラミッドになぞらえている。しかしサウジは大幅な歳出超過状態に陥り、数ヶ月前にザ・ラインの第1段階の規模を縮小した。計画を知る複数の関係者によると、当初は2030年までに約16キロメートル分を建設する予定だったが、約2.4キロメートル分に修正した。このサイズでも世界最大のビルで、面積はエンパイアステートビル60棟分をしのぐ。サウジにとってこれは皇太子の野心並みに大きな賭けである。ロンドン・スクール・オブ・エコノミクスの客員研究員でサウジの民主化支援団体に所属するマダウィ・アル・ラシード氏は「ムハンマド皇太子はギャンブルをしている」「これだけの大金を使えば、理論上、サウジ経済は目に見える形で飛躍する」とコメントした。だが今のところ、**資金の多くは外国のコンサルタントや建築家に費やされている。**どの大都市からも車で2時間かかる広大な砂漠の一角に建設作業員を10万人以上収容する必要がある。必要な鉄鋼や外装ガラスなどの資材は膨大で、世界的に価格を押し上げる可能性があり、調達困難になるかもしれない。米デラウェア州と同じ長さの超高層ツインビルに収まった垂直都市を「ザ・ライン」という。計画が縮小されたことで中堅都市に匹敵するネオムの巨額建設費が上昇し続けており、疑問視された。ネオムの幹部はプロジェクトの第1段階の居住者数を20万人弱と見込むと、計画を知る現・元従業員が明らかにした。だが元幹部によると、巨大な空港、32キロメートルの山岳トンネルを走る高速鉄道、海水淡水化プラント、オペラハウスなどの文化施設が計画されている。ウォール・ストリート・ジャーナル（WSJ）が確認したネオムの資料によると、雨の少ない同地域の山にスキーリゾートを建設する費用の見積もりは、2023年10月時点で2年前の2倍以上に当たる380億ドル（約5兆8700億円）だった。不動産助言会社ナイト・フランクの推計によると、ネオムの建設工事発注額はすでに2370億ドルを上回っている。公式の予算は5000億ドルで、同国の年間予算を50%上回り、政府系ファンドの価値の半分以上に相当する。プロジェクトに関与している幹部らはこ

の金額について、非現実的なほど少ないと話す。関係者2人によると、内々では最初の約2.4キロメートルだけでも1000億ドル以上かかると見積もっている。全体の完成までにかかる費用は2兆ドルをはるかに超えるとネオムの従業員はみている[108]。

5.サウジアラビアのテーマパーク事業の経緯

ここからサウジアラビアのテーマパーク事業の開発の経緯を考察する。

セガがサウジアラビアにゲームのテーマパーク計画

2008年1月、日本とサウジの政府高官や有力企業幹部が参加する産業協力会議「日本・サウジアラビア・ビジネス評議会」が首都リヤドで開かれた。セガの新規アトラクション施設開発部長の井上一彦氏の講演が注目された。ゲームを中心とする日本のアミューズメント市場が年間2.7兆円規模に成長したと紹介した。セガは中東での新たなパートナーづくりに関心を示した。セガはドバイの不動産大手エマール・プロパティーズと提携し、中東でセガのテーマパーク事業計画を発表した。講演後はサウジの投資家から「一緒に会社をつくらないか」との誘いが相次いだ[109]。

米シックスフラッグスがサウジアラビアでテーマパーク計画

2016年6月、米テーマパーク大手シックスフラッグスがサウジでテーマパーク開発を検討している、と中東のテレビ局での発言をロイター通信など複数のメディアが報じた。シックスフラッグスのジョン・ダフィーCEOがこの計画を発表した。訪米した際にムハンマド副皇太子（当時）と会談し、決定したとみられる。シックスフラッグスは北米を中心に18のテーマパークを展開し、年間入場者数約2900万人である[110]。

---

[108] 2024/05/17 ウォール・ストリート・ジャーナル日本版「サウジ巨大都市構想「ネオム」立ちはだかる現実の壁」
[109] 2008/01/22 日経産業新聞4頁「日本のノウハウ、サウジが関心、製造業の技術移転・知的財産権…、ゲーム市場も注目。」
[110] 2016/06/21 日本経済新聞電子版ニュース「サウジで遊園地開発へ、米シックスフラッグスメディア報道」

ムハンマド皇太子が巨大複合テーマパーク構想

2019年7月、ムハンマド皇太子が推進する改革で新たに超大型テーマパーク計画が発表された。サウジはイスラム教の教えのもと長年制限してきた娯楽の解禁を進める。サウジでは2018年におよそ35年間にわたって禁止されていた映画館が復活した。サウジ政府はリヤド郊外に「キディヤ」という国内初の超大型複合テーマパーク構想を進め、国内外の報道陣を建設現場に招いて具体的な計画を発表した。**東京23区の半分**に当たる広大な敷地にジェットコースターを備えたテーマパークやサーキットなどが整備される。テーマパークには娯楽分野での雇用や消費を生む目的もある。計画責任者は「国内だけで3000万人が娯楽へのアクセスを求める新たな巨大市場ができるので投資機会は膨大」と、外国企業の参画を呼びかけた[111]。

ドラゴンボールのテーマパーク計画発表

2024年3月、サウジの公共投資基金（PIF）の子会社キディヤ・インベストメント・カンパニー（QIC）と**東映アニメーション**は世界初となる「ドラゴンボール」のテーマパークの建設計画を発表した。QICと東映アニメーションは長期的な戦略的パートナーシップを締結した。同パークは、QICがリヤド近郊で建設中の大型レジャー都市プロジェクト「キディヤ・シティ（Qiddiya City）」内に建設される。同パークは50万km²を超える敷地に7つのエリアで構成され、「カメハウス」「カプセルコーポレーション」「ビルスの星」など作品に登場するランドマークを表現する。アトラクションは5つの乗り物を含め合計30種類以上で、ランドマークとして敷地の中央部に据えられる全高約70メートルの「神龍（シェンロン）」に、その内部を通り抜ける大型ジェットコースターが設置される。パーク内にホテルやレストランも設置される。QICは3月23〜24日に東京ビッグサイトで開催された「Anime Japan 2024」に出展した[112]。

---

[111] 2019/07/25 NHKニュース「サウジアラビア　初の超大型テーマパーク建設へ　皇太子推進の経済改革の一環」
[112] 2024/3/25 SAUDI PRESS AGENCY, World's Only Dragon Ball Theme Park Launched in Qiddiya City, https://www.spa.gov.sa/en/N2071802

6. まとめ

本章では、サウジの観光開発とテーマパーク開発の経緯を考察し、次の点を明らかにした。

第1に、サウジは**王制の維持、イスラム法の堅持**を基本方針とする。国王が閣僚会議を主宰し、重要ポストは王族が占め、合意形成を基本方針とするのなら、非常に古風で硬直した組織になるだろう。新しい挑戦は潰されるだろう。若いムハンマド皇太子が破竹の勢いで観光開発に邁進している。おそらく批判や反対派が多いだろう。

第2に、サウジは**輸出総額の約9割、財政収入の約8割を石油**に依存する。石油産業に危機があったら、国家が危機に陥るため、産業多角化が必要となる。経済学者リカードは、石油産業が得意なら国家を挙げて石油産業に特化し、それで得た資金で他の財を輸入するように説いた（**比較優位説**）。もし石油産業が永久に安泰なら、サウジはこのまま石油産業に特化すれば良い。しかし2000年代後半にアメリカでシェールガス革命が起こるなど、石油や天然ガスに変わるエネルギーがいつ出現するか分からない。

第3に、ドバイの成功をきっかけに、オイルマネーを投じて大規模開発し、外国人富裕層を誘致する開発モデルを採用したと思っていたが、ドバイの存在感が無かった1990年代後半に観光立国を目指した開発が始まったことが分かった。ただし1990年代の観光開発は小規模だった。サウジは新規にビルや街を建設することを最重視しているようで、まだ投資段階にあり、投資回収期間に入っていないようである。

第4に、メッカとメディナがあるのでイスラム教徒の聖地巡礼はあったが、観光の産業化の発想がなかった。巡礼者を他の観光地に周遊するよう促進し、総合的に観光収入を得られることを目指すようになった。メッカとメディナを擁するサウジにしかとれない観光誘致戦略である。

第5に、巨大都市計画ネオムにテーマパークが併設される。巨大すぎることで、能力と資金力を超えており、皇太子が考えを頻繁に変えることや、責任者がスタッフにパワハラしたことが報じられている。このようなケースでは、規模を小さくして実現することが多い。ネオムにディズニーから人材を引き抜いたことが分かった。おそらくテーマパーク部門かキャラクターを使った直営ホテルを担当するのだろう。また欧米の大手コンサルに巨額のコンサル料を支払い、依存状態になっていることが発覚した。ウォルト・ディズニーは自身がリーダーで司令塔、コンサルを雇うことはなかった。ウォルト・デ

ィズニー（1901〜1966年）の生きた時代にコンサルタントという事業が発達していなかったからかも知れない。

　第6に、サウジの観光開発は投資額が巨大すぎて度肝を抜かれた。実現可能なのか。ムハンマド皇太子はアドレナリンやドーパミンが大量に出ていて、コントロール不可能になっているのではないか。王の息子に生まれ、何不自由ない豪華な暮らしをしてきたはずなのに、凄まじいハングリー精神の持ち主である。パワーの源は何か。それはイスラム教では王族の男性は10人の妻を持てるため、非常に子沢山で、ライバルとなる王子が多いことから競争意欲が強まったと筆者は推測する。

　第7に、140兆円を投じるプロジェクトで徐々に予算が増額している点が、ウォルト・ディズニーがディズニーランド（カリフォルニア州アナハイム）やディズニーワールド（フロリダ州オーランド）を計画していた時と同じである。特にディズニーワールドのEPCOT（Experimental Prototype Community of tomorrow：実験的未来都市）は原野に実験的未来都市を開発するという挑戦だったが、実現せず、EPCOTという1テーマパークになった。

　サウジが外国人観光客を誘致し、イスラム教徒の経済力向上も相まって、宗教ツーリズムが堅調である。しかし、2024年6月、メッカ巡礼中の死者が1000人を超えたことが、各国の発表に基づいたAFPの統計で分かった。メッカの聖モスクでは同月17日に気温が51.8度まで上昇した[113]。このような地球温暖化現象が観光客誘致を阻んでいる。

　サウジに有効な戦略は、(1)イスラム教徒の聖地巡礼客を他の観光地に**周遊**させ、宿泊してもらい、**滞在型**観光を目指す、(2)非イスラム教徒の外国人観光客誘致と非イスラム教徒向けコンテンツの開発、(3)大規模な街を開発し、その大型計画の一部がテーマパークなどのレジャー施設や集客施設とし、観光客だけに依存しない街づくりをすることだろう。そのために新規に開発された大規模な街に「ドラゴンボール」のテーマパークを併設するなど開発を続けている。今後もサウジの観光開発を研究する。

---

[113] 2024/06/20 AFP BB News「メッカ大巡礼の死者、1000人超に」2024年6月22日アクセス https://www.afpbb.com/articles/-/3525283

第7章
サウジアラビアの投資家アルワリード王子の観光事業

1. はじめに

　サウジアラビアのアルワリード王子は米経済誌フォーブスで「中東のウォーレン・バフェット」と称される天才投資家である。同王子は1994年に経営危機に陥ったフランスのユーロディズニーランド（以降ユーロディズニー、現ディズニーランド・リゾート・パリ）に巨額投資して発行済株式の24%を取得し、ユーロディズニーの筆頭個人株主となった。

　本章では、アルワリード王子のテーマパークを含む観光事業への投資を考察する。第1に同王子の概要と王子の会社の概要、第2にユーロディズニーへの投資の経緯、第3に都市開発への投資、第4に汚職の汚名を着せられての逮捕劇である。

2. アルワリード王子とその会社の概要
アルワリード王子とは

　ここで同王子の概要と同王子の会社の概要を考察する。アルワリード・ビンタラール王子は1955年、サウジの首都リヤドで生まれた。祖父はサウジ初代国王アブドルアジズ、叔父は第6代国王アブドラ、母はレバノンの名家出身である。米カリフォルニア州のメンロー大学を卒業後、投資活動に入った。同王子は**総資産236億ドル（約2.8兆円、2005年）**で、米フォーブスの**2005年世界富豪番付で第5位**となった[114]。詳細は同王子の自伝にある（Riz Khan, 2005, 邦訳2007）。

　サウジには5000人の王子がいる。同王子はその一人で、他の王族のような**巨大な特権を持っていなかった**。それでも18歳の時、すでにフェラーリに乗っていた。王子は米国留学時に「祖国にいる他の王族に意地を見せたい」と考えた。王子は1980年に銀行から借りた30万ドル相当の資金を元手に不動産などに投資を開始した。資産は急成

---

[114] 2005/12/22 日本経済新聞　朝刊9頁「サウジの投資家、アルワリード王子に聞く――「株安く競争力」選択基準。」

長し、1989 年に 10 億ドルを超えた。1991 年には経営危機に陥った米シティバンクに 5.9 億ドル出資し一躍名を馳せ、大きなリターンを得た[115]。

王子の会社、キングダム・ホールディング・カンパニーの概要

　王子の会社をキングダム・ホールディング・カンパニー（Kingdom Holding Company：以降キングダム HD）という。公式 HP の「ABOUT US[116]」には抽象的な理念しか書かれていない。沿革が書かれていないので設立年から現在までの経緯など不明である。同社の「INVESTORS RELATIONS[117]」には年次報告書の 2008 年、2010 年、2011 年、2012 年、2013 年版と、四半期報告書の 2009〜2013 年版が掲載されておりダウンロード可能である。それら報告書は日本のそれと違ってあまり詳しく書かれていないようだ。

　最新の年次報告書（Annual Report）は 2013 年版である。それによると、同社はサウジの株式会社（Joint Stock Company）としてサウジで運営されている。同社は 1996 年 5 月 28 日に有限責任会社として設立され、商業産業大臣から認可され、2007 年 6 月 4 日に現在の会社形態に変更された。同社の事業は、ホテル経営と運営、建設請負業、メンテナンス、建築資材と食品、農作物の卸売業と小売業、非建設資材、石油製品、広告、サービス業、教育、医療、信用調査、他社への投資と他社の設立である。同社は 2007 年 7 月 28 日にサウジ証券取引所に上場された。同社は 100％子会社の投資会社を**ケイマン諸島**[118]に設立し、ファンドを所有し、アソシエイトと共に投資活動をしている[119]。

---

[115] 2007/10/28 朝日新聞　朝刊 14 頁「（ビジネス）アラビアのバフェット　リズ・カーン著　さすがアラブの大富豪」
[116] Kingdom Holding Company「ABOUT US」2022 年 6 月 30 日アクセス https://kingdom.com.sa/investors
[117] Kingdom Holding Company「INVESTORS RELATIONS」2022 年 6 月 30 日アクセス https://kingdom.com.sa/investors
[118] ケイマン諸島：有名なタックスヘイブン（租税回避地）。カリブ海の島国で、観光立国と金融立国。イギリス領なので英語が公用語。ニューヨーク時間と同じ。
[119] KINGDOM HOLDING COMPANY, CONSOLIDATED FINANCIAL STATEMENTS FOR THE YEAR ENDED DECEMBER 31, 2013, AND INDEPENDENT AUDITORS' REPORT 2022 年 7 月 1 日アクセス https://firebasestorage.googleapis.com/v0/b/kingdom-holding.appspot.com/o/flamelink%2Fmedia%2FSWvdpoBxPRE2ERPCgv3m_Financial%20Statements%20E%20Final%20CMA.pdf?alt=media&token=782c7ffa-63b5-40a2-a5c3-eedb93f5b94b

3. 王子の事業方針と評価

マイケル・ジャクソンと娯楽事業の合弁企業設立

1996年3月、アルワリード王子は米歌手マイケル・ジャクソンとサウジの幅広い分野で娯楽事業を進めるための合弁会社「キングダム・エンターテイメント」を設立すると発表した。パリで計画を発表した2人によると、「マルチメディア革命に対応し、**テーマパーク**やホテル、映画製作、アニメ、音楽、出版、歌手の公演ツアー、キャラクター商品販売などの事業を予定している」という。新会社の資金規模や具体的な事業計画を明らかにしなかったため、集まった報道陣から質問が続出した。しかし、主役の2人は記者会見に応じず退場してしまい、代理人が「プロジェクトはおいおい発表するが、事業には必要なだけの資金を投入する」などと答えたにとどまった[120]。

事業が派手すぎて国内で批判、父も民主化要求する王家の異端児

1998年8月、アルワリード王子（当時41歳）がサウジ国内の事業を本格的に始めた。中東一の超高層ビルとなるキングダム・センターを着工し、富裕層の子弟を対象とした私立学校や総合病院建設など、故郷に錦を飾る大プロジェクトが進行していた。しかし**サウジ王族らに遠慮しない**派手な活動に国内から批判が出ていた。事業の本格化に伴い摩擦が拡大しそうな気配だった。首都リヤド中心部に建設中のキングダム・センターは地上300メートルで、王子が会長を務めるキングダムHDの本社や傘下のホテル、銀行、大規模ショッピングセンター等を併設する。周囲の宮殿や政府ビルを見下ろす同センターはわずか1キロ先で建設中の政府系ファイサル国王記念財団ビルより40メートルも高くなる。全面ガラス張りで最上階に空中回廊という奇抜な設計も注目された。保守的な一部王族などから「不遜」「金の無駄遣い」との声も出た。こうした批判に対し、王子は現地紙インタビューで「サウジには最高級のオフィスビルやホテルが必要。平らなリヤドにはランドマークがあった方がいい」と答えた。その自信と気概には父親のタラール・ビン・アブドルアジズ元蔵相（当時68歳）が引き合いに出される。

同王子の父は第5代国王ファハドの実弟で、1961年に政府に**民主化要求**を突きつけたことで他の王族の逆鱗に触れ、エジプトへ**亡命**に追い込まれた。その後赦免され帰国

---

[120] 1996/03/21 日本経済新聞　夕刊5頁「M・ジャクソンとサウジ王子、共同で娯楽事業。」

したが、公職復帰はかなわず、実業家に転じた。父は意気軒高で、1998年に議会選挙導入の必要性を訴える演説を行い、話題となった。同王子は父の事件がなければ当時主要官庁の次官クラスになってもおかしくなかった。同王子は「自分はプリンスとして振る舞ったことはない」と言い、**王家と常に距離を置く**。サウジ国内での数々の大事業は、王家の異端児として独自の才覚で財を成した同王子の親子二代にわたる挑戦となる[121]。

父はリベラル派で自由な王子、米国留学の影響大

2005年に『アラビアのバフェット』という書籍が発行された。アラブの王族というと石油成金、浪費家というイメージだが、政治やビジネスでリーダーシップを発揮する王族は合理的な発想や戦略的な意思決定をとる人が多い。部族社会の色濃い国々で指導的地位に就いている人たちは、若い頃から能力と資質を問われ、鍛えられてきた。アルワリード王子の父はサウジ王家の中で飛び抜けた**リベラル**派で「自由プリンス」と呼ばれるタラール王子である。アルワリード王子は開放的なベイルートで幼少時を過ごし、米国の大学に留学した経験が、米欧の企業トップとの人脈形成に生きている。時間の感覚がルーズなアラブでは珍しい徹底した時間厳守、事業展開での詳細なリサーチ、**ブランド力を持つ企業の株価下落時に果断に投資し長期的リターンを追求する戦略**をとる。シティバンク、フォーシーズンズホテル、ユーロディズニーに加えて、サウジ初の敵対的買収などを通じて国内に金融・流通・不動産・メディアのコングロマリットを構築した。2001年の同時多発テロ後のアラブと米国の軋轢の中で橋渡しの役割を担おうとし、政治的な反発や誤解を受けた。サウジについて「欧米化はあり得ないが、近代化は絶対に必要」「変革は避けられない」と述べた[122]。

フォーブスで世界長者番付4位（2004年）

2004年3月、米フォーブスの世界の長者番付2004年版に同王子（当時47歳）が4位に入った。マイクロソフトのビル・ゲイツ会長（当時48歳）が10年連続で世界の長

---

[121] 1998/08/04 日本経済新聞　夕刊5頁「サウジアラビアのワリド王子、中東一の超高層ビルに着工——親子2代の「記念碑」に。」
[122] 2007/11/18 日本経済新聞　朝刊25頁「アラビアのバフェット、サウジの変化映す王族投資家——リズ・カーン著（読書）」

者番付1位で資産総額466億ドル（約5兆794億円）となった。資産10億ドル（約1090億円）以上の富豪は587人で、世界的な景気回復を反映し過去最高人数となった[123]。

2005年時点での投資戦略、ソニーに注目

2005年12月、同王子は日本経済新聞の取材で次のように述べた。投資の基本戦略について、「私はブランド力、マネジメント、将来性の高い企業を選んできた。ユーロディズニーなど特定の国・地域で強い企業にも投資している。株の保有は長期を前提にし、シティ株は今でも手放していない。私はトレーダーではなく長期投資家。」「投資先の条件は株価が低いこと。いくら優良企業でも取得価格が高ければ利益が得られない。単に安いだけでなく、何らかの理由で株価が下がったものの、マネジメントが確かで活力があり、競争に勝ち抜ける企業が対象。」「現在検討している企業は世界で5、6社ある。一つはソニー。高いブランド力を持ち国際的に強い企業だが、業績不振で株価が下がっている。外国人の新会長のもと、日産自動車のような復活は決して不可能ではない。今の株価が底値だとの確信があればもう買っているが、今後の株価や業績の展望を社内や独立系調査機関を使い真剣に調査している」と述べた。王子の主な投資先企業は表1のようになっている。その中で観光事業への投資は、1994年に経営再建中の仏ユーロディズニーに200億円超を投資した。1994年にフォーシーズンズホテルズ&リゾーツの株式50%の株式を取得するため約120億円を投資した。首都リヤドへの系列ホテル開設などに関連して7400万米ドルの投資をした。1995年にプラザホテルを買収した[124]。

---

[123] 2004/03/01 Fuji Sankei Business i. 2頁「世界の億万長者トップ30　10億ドル長者、過去最高587人　米フォーブス誌」
[124] 2005/12/22 日本経済新聞　朝刊9頁「サウジの投資家、アルワリード王子に聞く――「株安く競争力」選択基準。」

表1：アルワリード王子の主な投資先企業

株式取得年	企業名	持ち株比率
1991	シティグループ	3.9%
1993	サックス・フィフス・アベニュー	2.29%
1994	**ユーロディズニー（現ディズニーランド・パリ）**	17.3%
	フォーシーズンズホテルズ&リゾーツ	22%
1995	**ザ・プラザ・ニューヨーク**	10%
1997	アップル・コンピュータ	1%未満
	ニューズ・コーポレーション	6%
	タイムワーナー	1%未満
	モーベンピック・ホテルズ&リゾーツ	33.3%
2000	ヒューレット・パッカード	1%未満
それ以外	アマゾン、P&G、ペプシコ、フォード・モーター	

出典：2005/12/22 日本経済新聞　朝刊9頁「サウジの投資家、アルワリード王子に聞く――「株安く競争力」選択基準。」＊太字は観光事業。

王子の会社がIPO

　2007年7月、王子の投資会社、キングダムHDは発行済み株式の5%を新規株式公開（IPO）で売り出すことになった。同社の資産額は2006年末時点で240億ドル、発行済み株式3億1500万株を1株あたり10.25リヤル（2.73ドル）で公開する。主幹事のサンバ・フィナンシャル・グループによると、32億3000万リヤルを調達する。株式の半分は機関投資家に割り当てる。公開価格は、関係筋が前月ロイターに示した10.50～11リヤルのレンジを下回っていた。この価格に基づくと、キングダムHDの時価総額はサウジ証券取引所で第5位となる[125]。

---

[125] 2007/07/05 ロイター通信ニュース「サウジのアルワリード王子の投資会社、来週IPOへ」

フォーブスの長者番付で資産を 8840 億円少なく書かれる

2013 年 3 月、米フォーブスは同誌の 2013 年版にアルワリード王子が異論を唱えていることについて、王子は計画的に資産を高く見積もって公表しているとの見解を明らかにした。同誌が王子の資産額を 200 億ドル（約 1 兆 8400 億円）と算出した。しかし王子は実際より 96 億ドル（約 8840 億円）少なく計算されていると主張した。王子は自身の資産額が不当に低く評価されているとして、今後同誌の番付作成に協力しない意向を明らかにした。2013 年版での王子の順位は 26 位だった。王子は「意図的な偏見と矛盾」「中東の投資家に対する偏見」とコメントした[126]。

4. ユーロディズニー閉園の危機と王子の大規模投資

同王子がテーマパークに大規模投資したのは今のところユーロディズニーのみである。1992 年にオープンしたユーロディズニーは東京ディズニーランドと違い、アメリカ大衆文化を格下扱いしているフランス人にあまり受けなかった。1994 年にユーロディズニーは経営危機に陥り、巨額の負債を抱え、パリ証券取引所でストップ安になるほど株価が急落した。それで王子が大型出資に乗り出したのである。筆者はそれでアルワリード王子を知った（中島、2014、第 4 章）。

ユーロディズニーで人員削減、アメリカ大衆文化批判

1992 年 4 月、ユーロディズニーは開業した。開業前、ユーロディズニーは欧州の観光・レジャー産業にとって、セビリア万博（スペイン）、ジェノバ海洋博覧会（イタリア）と並ぶ 1992 年のビッグイベントと評された。しかし**アメリカ大衆文化の進出に対する反発**もあってか、仏国内でユーロディズニーの盛り上がりはいまひとつだった。マスコミが相次いでユーロディズニーを取り上げたことで話題性十分だったが、開業当初の入場者が伸び悩んだ。30 万人以上を見込んでいた初日の入場者は 5～6 万人にとどまった。知識人や保守的な人々がユーロディズニーはフランス伝統文化への侵略という辛辣な批判を展開した。さらに天候不順、地下鉄のストなど悪条件が重なった[127]。

---

[126] 2013/03/06 AFP BB News「サウジ王子は資産を誇張、フォーブス誌が反論」2021 年 5 月 21 日アクセス https://www.afpbb.com/articles/-/2932472
[127] 1992/06/25 日本経済新聞　朝刊第 2 部 7 頁「第 2 部・フランス特集——ユーロディズニー

1994年8月、フランスの労組筋によると、ユーロディズニーには約1.7万人の従業員（臨時雇いの季節労働者を含む）がおり、うち約**5000人を削減**する計画が立てられていた。フランスのマスコミや知識人の一部が「文化のチェルノブイリ[128]」とアメリカ大衆文化のフランス進出を非難した。さらに農業補助問題をめぐる米仏間の対立でフランスの農民がテーマパーク周辺をトラクターで包囲する事件も起きた[129]。

ユーロディズニー大赤字で親会社の米ディズニー社に支援要請

1993年7月、ユーロディズニーは親会社の米ディズニー社に支援を求めた。ユーロディズニーはすでに上期（1992年10月－1993年3月）決算で10.8億フランの赤字を出し、開業2年目も大幅な赤字が確実だった。第2テーマパークなどの建設を抱え、多額の投資資金を必要としていたが、業績低迷で資金計画が大幅に狂った[130]。

株価暴落でパリ証券取引所でストップ安、閉鎖の危機

1993年10月、ユーロディズニーはチケット**値下げ**と大幅な**人員削減**を発表した。約1.1万人の全従業員のうち950人を削減する方針を出した。削減対象は事務と管理職で、特に管理職で全体のほぼ30％に当たる500人を減らす[131]。

1993年11月、ユーロディズニーの**大幅赤字決算**を受け、パリ株式市場でユーロディズニー株価が急落した。パリ証券取引所は一時ユーロディズニー株を取引停止したが、取引再開後さらに株価下落が続いた。ユーロディズニー株価は1992年4月の開園前後に165フランの史上最高値を付けた後、下落し始め、同月12日に最高値の5分の1弱の価格に落ち込んだ[132]。

ランド、観光のメッカに新名所。」
[128] 文化のチェルノブイリ：ウクライナ（旧ソ連）のチェルノブイリ原子力発電所事故がヨーロッパ広域に放射能汚染をもたらしたことに例えられた。ディズニーランドというアメリカ大衆文化がヨーロッパ広域を汚染するという批判。
[129] 1992/08/10 日本経済新聞 夕刊3頁「ユーロディズニー、人員5000人削減を計画――初年度赤字で合理化、ホテル閉鎖も。」
[130] 1993/07/16 日経金融新聞 5頁「業績不振のユーロディズニー、親会社に支援求める――4-6月も赤字に。」
[131] 1993/10/20 日経産業新聞 3頁「ユーロディズニー、冬季ホテル料金下げ――不振打開へ950人削減も。」
[132] 1993/11/14 日経金融新聞 4頁「ユーロディズニー、株価急落、最高値の5分の1に――9月

そのため米ディズニー社のアイズナー会長兼CEOは1993年の役員賞与を辞退した。アイズナー会長は交渉中のフランスの銀行からの融資がまとまらなければユーロディズニー閉鎖もあり得る、と1993年末に仏誌に語った[133]。

ユーロディズニー負債3600億円と銀行団の協調融資

1994年3月、米ディズニー社は債権銀行団(約60行)に対し、必要資金100億-120億フラン(約1800〜2160億円)の40〜45%を負担するよう求めた。ユーロディズニーの債務残高は200億フラン強(約3600億円)で、うち100億フラン強(約1800億円)が銀行団の協調融資分で、邦銀(日本の銀行)は16行が計30億フラン(約540億円)前後融資していた。銀行団の委託で大手監査法人が作成したユーロディズニーの財務報告によると、再建必要資金は向こう10年間で最大約120億フランに達する。米ディズニー社は、(1)ユーロディズニーが60億〜80億フラン前後の増資を実施、(2)ユーロディズニーの利払いを軽減するなどを銀行団に打診した。増資について、米ディズニー社は出資比率49%まで新株を購入し、銀行団が残り51%を引き受け、投資家に販売しきれなかった分を買い取るよう求めた。ユーロディズニーの利払いは10年間で15億フラン以上の軽減が必要で、合計で銀行団が必要資金の40〜45%を負担するよう主張した。銀行団は、増資新株は全て米ディズニー社が購入すべき、と主張した[134]。

アルワリード王子224億円出資

1994年6月、同王子はユーロディズニーへの出資に名乗りを上げた。王子が会長を務める自国系商業銀行、USCBとユーロディズニーは、王子がユーロディズニーの予定している増資機会を捕らえ、最大約24%まで出資する意向があることを明らかにした。米ディズニー・グループに初めて中東産油国王族系の大株主が誕生する。ユーロディズニーは再建のため親会社の米ディズニー社と債権銀行団などから総額約130億フラン(2470億円)の支援を受けることになった。その中核が8月中旬に実施する60億フラ

期、連結赤字28倍に拡大。」
[133] 1994/01/05 日本経済新聞 夕刊3頁「米ディズニー会長、経営不振で賞与辞退。」
[134] 1994/03/09 日経金融新聞5頁「"冬"のテーマパーク——米ディズニー、ユーロディズニー再建、銀行団は4割負担を。」

ンの増資で、増資新株の49%を米ディズニー社が買い取り、51%を銀行団が引き受けて個人など既存株主に優先的に販売する計画である。王子は既存の少数株主から増資新株の購入権を買い集めることで、増資後ユーロディズニーに少なくとも13～24%資本参加する。少数株主からの購入権収集が目標通り進まない場合、米ディズニー社からの株譲渡も検討する[135]。

　1994年8月、ユーロディズニーが経営再建のため払い込みで実施する60億フラン（約1140億円：1フラン約19円）の増資の応募結果がまとまった。60億フランのうち、米ディズニー社が当初の予定通り49%に相当する29億フラン強相当の株を引き取る。日米欧の銀行団が引き受けた30億フラン強（51%）については、個人など既存の一般株主が18.5億フラン分購入した。米ディズニー社を含む既存株主が増資新株の8割を買い取った。銀行団の引き受け分の中で売れ残る約11.8億フラン（約**224.2億円**）分は、王子が全て買い取る予定で、銀行団が売れ残り株を抱え込む心配はなくなった。株の額面は5フランで、増資新株は一株10フランで6億株売り出し、額面との差額である増資プレミアム（一株当たり5フラン、計30億フラン）はユーロディズニーの累積損失解消に回した。増資後の発行済み株式数は約7億7000万株になった。増資には日米欧の債権銀行団約60行（邦銀は16行）のうち55行前後（同10行強）が3億株強の引き受けに参加する。まとめ役のパリ国立銀行（BNP）などが既存株主に新株購入を促進し、応募分は約1億8500万株で、銀行団引き受け分の6割に当たる。**残り4割（約1億1860万株）**を買い取るのは王子である。王子は増資後にユーロディズニーに最大24.5%（1億8850万株）まで出資する方針である。銀行団に対し増資の売れ残り分を最大1億6000万株まで買い取ると約束した。ユーロディズニーは増資で得た資金を債務返済に充てる予定で、増資を引き受けた銀行は従来の融資残高の5～6割程度を返してもらえる。引き受けなかった銀行への返済分は残高の2割となる。銀行団はユーロディズニー向け、債権の総額16億フラン（約304億円）の金利減免に応じた。減免は各行の融資残高に比例する仕組みのため、増資資金で返済を受けた後、融資残高が多い銀行は金利減免額が相対的に膨らみ、重荷になる[136]。

---

[135] 1994/06/02 日本経済新聞　夕刊5頁「サウジ王子、出資に名乗り、ユーロ・ディズニー――最大24%まで用意。」
[136] 1994/08/08 日経金融新聞5頁「仏ユーロディズニーの増資、既存株主が8割応募――銀行

ユーロディズニー経営不振で上場廃止

　2017年6月、米ディズニー社はユーロディズニー株の上場を廃止すると発表した。米ディズニー社の持ち株比率は97%余りである。同年2月に同王子の投資ファンドから9%の株式を買い取った。フランスの株式市場規則では、米ディズニー社は残る未保有株式の強制買い取り可能で、同月19日にユーロディズニーの上場を廃止できる。パリのユーロネクストは同月13日の通常取引開始前にユーロディズニー株の取引を停止した。ユーロディズニーは欧州経済低迷で打撃を受け、2015年に起きたパリのテロ事件や厳しい事業環境で財務が悪化した[137]。

5. 都市開発への投資

サウジアラビアで高さ1キロの高層ビル950億円で計画

　ここでは同王子のテーマパーク以外の観光事業への投資の経緯を考察する。2011年8月、王子のキングダムHDはサウジ西部ジェッダに計画する高さ1キロメートル超の世界最高層ビル「キングダム・タワー」建設を、サウジのゼネコン大手ビンラディン・グループ[138]に発注する契約を結んだ。建設費は46億サウジリヤル（約950億円）である。完成予定は5年後、当時高さ世界一であるドバイのブルジュ・ハリファ（828メートル）をしのぐ高さになる。ジェッダの複合都市開発の一部として建設され、ホテルや住居、オフィスなどを含むシンボル的な存在になる。なお、ビンラディン・グループは国際テロ組織アルカイダの指導者ウサマ・ビンラディン容疑者の一族が経営する。聖地メッカのモスク（イスラム教の礼拝所）などの修理を任されるなど、サウジ有数のゼネコンである[139]。

　2017年5月、サウジのジェッダで建設が進んでいる世界最高の超高層ビルとなる「ジェッダタワー」の完成が2019年まで遅れる、と王子が明らかにした。同プロジェクト

団引受の4割サウジ王子買う。」
[137] 2017/06/14 Bloomberg「不振の仏ユーロディズニー、株式上場廃止へ」2022年6月29日アクセス https://www.bloomberg.co.jp/news/articles/2017-06-14/ORIBYA6K50XS01
[138] ビンラディン・グループ「About Us」2022年7月9日アクセス https://www.bcg-uae.com/about-us/
[139] 2011/08/03 日本経済新聞　夕刊2頁「高さ1キロ超、世界最高層ビル、950億円で発注、サウジ王子の投資会社。」

発表から完成まで6年かかる見込みとなった。王子はAFPの取材に対し「建設プロジェクトは遅れているが、2019年にオープン予定」と述べた[140]。なお「キングダム・タワー」が「ジェッダタワー」に名称変更された。

6. 王子が汚職容疑で逮捕される
汚職容疑で逮捕、本当は抵抗勢力潰しか

2017年11月4日、サウジでは汚職容疑で多数の王子や現役の閣僚らが拘束された。ロイター通信など複数のメディアによると、サルマン国王は息子のムハンマド皇太子へ権力継承を進めており、抵抗勢力の勢いをそぐ狙いがあるとみられる。サウジは「汚職を根絶し、責任を追及しなければ、国家の存続はあり得ない」という内容の勅令を出した。王子11人や閣僚4人に加え、数十人の閣僚経験者を拘束したらしい。そこにアルワリード王子も含まれていた。表向きは汚職容疑だが、実際にはサルマン国王が**ムハンマド皇太子に権力を集中**させる一環との見方が強い。サルマン国王は同年6月、王位継承順位1位だった皇太子を突然更迭し、承継順位2位だった自身の息子、ムハンマド副皇太子を皇太子に昇格させた。ムハンマド皇太子は原油依存を減らす経済改革に積極的だが、国内には急進的な手法への不満もくすぶる。改革の加速に向けて、反対勢力の取り締まりを強化した。同年9月には批判的な聖職者や学者、活動家を大量に拘束した。経済改革では増税や各種補助金の削減など、国民の負担増を強いた[141]。

逮捕された翌日、王子の会社HPに3つの文章掲載

2017年11月5日、王子の会社HPに3つの記事が掲載された。

最初の文章は、「2017年11月4日にサウジアラビアで起こった弊社会長（Chairman）に関する出来事について多様なメディアが報道していることは知っています。弊社は通常通り業務を遂行します。弊社CEOのタラール・イブラヒム・アル・マイマン（Talal Ibrahim Al Maiman）は、サウジアラビア政府の弊社に対する支持を誇りに思っており

---

[140] 2017/05/12 AFPBB NEWS/AFP通信「世界で最も高いサウジのタワー、完成2019年に延期」
[141] 2017/11/05 日本経済新聞電子版ニュース「サウジ、著名投資家の王子ら逮捕　抵抗勢力潰しか―シティなどに出資「アラビアのバフェット」」

ます[142]。（＊筆者が要約）」。2つ目の記事は「同社の2017年第3四半期の業績が2016年第三四半期と比較して170％増加した[143]」という財務報告である。3つ目の記事は、1つ目の記事と全く同じ内容である[144]。

逮捕後、王子の会社の株価下落で3兆円損失

　2017年11月9日、同王子の資産額は逮捕後の株価の低落で大幅下落した。王子の資産額は11月7日、キングダムHDの株価下落により8億5500万ドル（約972億円）の減少となった。同社の株式は王子の資産額のほぼ半分を占める。11月2日の株価（3日はサウジアラビア市場Tadawulが休場だった）から7日までに21％下落した。王子はキングダムHDの株式の95％を保有している。逮捕前の11月2日時点と比較すると、王子の資産額は280億ドル（約3.1兆円）減少した。米フォーブスのリアルタイム・ビリオネア・ランキングで、彼の資産額は11月9日に159億ドルと算定されていた。王子は2日の時点で世界富豪リスト64位だったが、9日に83位となった[145]。

保釈の条件は6800億円

　2017年12月、サウジ当局が**汚職**などの容疑で**拘束**している同王子に対し、釈放の条件として少なくとも60億ドル（約6800億円）を要求した、と米ウォールストリート・

---

[142] Kingdom Holding Company「Kingdom Holding Continues Normal Business Operations KHC's CEO Eng. Al Maiman: "Business as usual" "The support of the Government of the Kingdom of Saudi Arabia to Kingdom Holding is a badge of honor for us" (2017/11/05)」2022年7月1日アクセス
https://kingdom.com.sa/en/media/JX6qAVpqaPeCo4uqcK4D/kingdom-holding-continues-normal-business-operations-khcs-ceo-eng-al-maiman-business-as-usual-the-su

[143] Kingdom Holding Company「Kingdom Holding's 2017 Q3 Net Profit Increases 170% Compared to 2016 Q3 (2017/11/05)」2022年7月1日アクセス
https://kingdom.com.sa/en/media/3HIVMvTQSk258046ZtM4/kingdom-holdings-2017-q3-net-profit-increases-170-compared-to-2016-q3

[144] Kingdom Holding Company「Kingdom Holding Continues Normal Business Operations KHC's CEO Eng. Al Maiman: "Business as usual" "The support of the Government of the Kingdom of Saudi Arabia to Kingdom Holding is a badge of honor for us" (2017/11/05)」2022年7月1日アクセス
https://kingdom.com.sa/en/media/pTXx5FzQNuQTGM7KJx77/kingdom-holding-continues-normal-business-operations-khcs-ceo-eng-al-maiman-business-as-usual-the-su

[145] 2017/11/09 Forbs Japan「逮捕のサウジ王子、資産3兆円を喪失　投資会社の株価下落で」2021年5月24日アクセス https://forbesjapan.com/articles/detail/18410

ジャーナル（電子版）が報じた。財政赤字の穴埋めに使うとみられるが、財産権の保護や法の支配の観点から海外投資家の懸念が強まる。米フォーブスによると、同王子の総資産は180億ドルである。報道によれば、同王子は関係者に「要求に応じれば、罪を認め、25年かけて築いた金融帝国を壊すことになる」と話した。60億ドルという金額は拘束された王族や元閣僚への要求額で最高額とみられる。サウジでは原油価格下落で財政赤字が続く。ムハンマド皇太子は公務員給与の引き下げや燃料費の値上げなど緊縮策に取り組んできた。しかし国民の不満に配慮し、2018年予算で財政健全化を当初の20年から3年先送りすると決めた。公務員給与下げ撤回や低中所得層向けの現金給付などばらまき策を実施した。汚職容疑で拘束した王子らに納めさせた資金をその原資とする狙いもありそうだ。事実上の**財産没収**と言える[146]。

資産ピークから7割減少し1兆7100億円に

　2018年10月、同王子の保有資産が152億ドル（約1兆7100億円）に減少した。ブルームバーグ・ビリオネア指数が王子の純資産を追跡し始めた2012年4月以来、最も低い水準となった。上場企業の株式や株式非公開企業の持ち分、サウジの不動産などで構成される王子のポートフォリオは、年初からの3四半期で価値が7.6億ドル減少した。資産評価額の微調整と、一部資産の処分が減少の理由だと説明した。資産処分の一例として王子は同年9月、配車サービスの米リフトの保有株式を自社キングダムHDに売却した。ビリオネア指数によると、番付上位の富豪が保有する個人資産は2018年に入り2%、金額にして1030億ドル減少した。王子の資産は2014年のピーク時から70%減少した[147]。

6. 考察

　本章では、アルワリード王子のテーマパークを含む観光事業への投資の経緯を考察してきて、次の点を明らかにした。

---

[146] 2017/12/25 日本経済新聞　朝刊4頁「サウジ、巨額の釈放金か、投資家に6800億円、財政穴埋め狙い？」
[147] 2018/10/20 Sankei Biz「サウジのアルワリード王子、資産ピークから7割減少　評価額「微調整」と一部資産の処分が理由」2021年5月21日アクセス
https://www.sankeibiz.jp/macro/news/181020/mcb1810200546008-n1.htm

第1に、王子は1955年、サウジの首都リヤド生まれ、初代国王の孫で、母はレバノンの名家出身である。アメリカの大学を卒業後、投資活動に入り、総資産236億ドル（約2.8兆円）で米フォーブスの2004年世界富豪番付で第4位となった。同王子の会社は**ケイマン諸島**に100%子会社を有することが明らかになった。世界の富裕層はタックスヘイブンで税金対策しているようだ。

第2に、サウジには約5000人の王子がいて、同王子はその一人で、他の王族のような巨大な特権を持っていなかった。米国留学中、祖国の他の王族に意地を見せたいと考えた。王子はハングリー精神が強いようだ。彼は1980年に銀行から借りた30万ドルを元手に不動産などへの投資を開始し、1989年に資産10億ドルを超えた。1991年に経営危機に陥った米シティバンクに5.9億ドルを出資して高リターンを得た。最初の30万ドルだけ王家の資産であるが、それ以降は自力で資産を築いた。王子は開放的なベイルートで幼少時を過ごし、アメリカ留学経験が米欧企業トップとの人脈形成に生きている。反米国家が多い中東にあって、親米思想を持つと思われる。

第3に、王子の投資戦略はブランド力、マネジメント、将来性の高い企業を選び、長期保有することである。優良企業でも取得価格が高ければ利益が得られないので、株価が低い銘柄を選ぶ。単に安いだけでなく、何らかの理由で株価が下がったものの、マネジメントが確かで活力があり、競争に勝ち抜ける企業が対象である。日本企業ではソニーに注目していた。王子は「安く買って高く売る」という投資の基本に忠実だと分かった。調査に高いコストをかけると推測できる。オリエンタルランド株を買っていないことから、経営状態が良いので株価が高止まりしていると判断したのだろう。

第4に、1996年にマイケル・ジャクソンと娯楽事業の合弁会社を設立すると発表したが、実現しなかったようだ。マイケルは1993年に14歳未満の少年への性的虐待で訴えられ、人気と仕事が低迷していた。マイケルはブランド力、マネジメント、将来性があるのに性的虐待疑惑で「株価」が下がっていた。この頃のマイケルは「買い推奨」と考えられる。換言すると、マイケルの価値が高かった頃、王子に有利な条件で交渉できたとは考えにくい。

第5に、サッカー風に言うと、同王子のプレイスタイルは「<u>派手なプレイスタイルの点取り屋</u>」と言える。とにかく目立ち、そして実力が伴っていることが特徴である。

7. まとめ

　テーマパークを研究してきて 20 年、初めて王子を研究対象とした。経営学では一般的に王族を研究対象としない。祖父が国王、父は王子で大臣とは、庶民の筆者には想像もつかない人生である。その家にその立場で生まれたことは運だけである。

　サウジの王子は 5000 人もいるため、王子というだけでは、強くない立場だと分かった。保守的なサウジ王家でアルワリード王子は派手すぎる異端児で、批判と摩擦が強いことが分かった。サウジは厳格なイスラム法を採用しているので、保守的で冒険しない人が多いはずである。同王子は特権を持たないのに、これだけ成功したら妬まれ、批判され、足を引っ張られるだろう。どのようなことでも初めてやる人は批判されて苦労する。**ロールモデルになる人もいない**。アメリカで様々な国の留学生やアメリカ人と青年期を過ごし、投資活動を続ける中でアメリカナイズされたのだろう。

　アルワリード王子は王子として振る舞わず、王家と距離を置いている。てっきり巨額のオイルマネーを王家からもらい投資したから成功したと思ったが、そんなことはないと分かった。アルワリード王子親子は、保守的なサウジで王家の異端児とされる。同親子の人生は、保守的な王族からの反発や妨害、エジプト亡命、逮捕などとの戦いの歴史だと推察される。王族の中にいれば、全員王族なので、王子であることに優位性は無い。同親子は非常に苦労しながら信念を貫いていると思われる。筆者はそれに感動した。アルワリード王子について研究して良かった。

第8章　カタールのスポーツ立国と観光立国

1.はじめに

　日本人には「カタール」という国名より「首都ドーハ」が有名である。1993 年、サッカーワールドカップ（W 杯）アメリカ大会への出場をかけた最終予選で、日本代表がイラクに終了間際のロスタイムで同点に追いつかれ敗退が決まった。それを「ドーハの悲劇」と言い、日本サッカー史に残る悲劇である。そのカタールが 2010 年台からサッカー事業で存在感を強めている。フランスのサッカーチーム、パリ・サンジェルマン買収とカタール W 杯開催、それによる観光開発で急速に存在感ある国になっている。プロサッカーは集客施設に集客し、入場料、飲食、商品販売、ファンクラブ入会などで収入を得るビジネスモデルであり、テーマパークと類似のするため本書の対象とする。またカタールでは急速な開発を担う外国人労働者の劣悪な労働環境が問題になっている。

　本章では、カタールのスポーツ立国と観光立国の経緯を考察する。第 1 にカタールのスポーツ立国と観光立国の経緯、第 2 にカタールのテーマパーク事業の経緯、第 3 に外国人労働者の劣悪な労働環境を考察する。

カタールの概要

　カタール国[148]（State of Qatar）は面積約 1.1 万 km^2（秋田県よりもやや狭い）、人口約 300 万人（2023 年 3 月カタール開発計画・統計省、外国人居住者を含む）、首都ドーハ、民族アラブ人、言語アラビア語、宗教イスラム教である。18～19 世紀にかけてアラビア半島内陸部の部族がカタールに移住したことにより、現在のカタールの部族構成が成立した。1916 年に英国の保護下に入る。1968 年に英国がスエズ以東から軍事撤退を宣言したため、1971 年 9 月 3 日に独立した。

政治体制　首長制で元首はタミーム・ビン・ハマド・アール・サーニ首長、議会国政選挙により選出された 30 名と首長が指名する 15 名の計 45 名のメンバーで構成される諮問評議会がある。

---

[148] 外務省「カタール国」2024 年アクセス
https://www.mofa.go.jp/mofaj/area/qatar/data.html

内政 1995年6月27日、無血クーデターでハマド皇太子が新首長に即位。基本法を改正して「父から息子への政権継承」を明文化し、1996年10月、ハマド首長3男ジャーシム殿下を皇太子に指名したが、同殿下の退位の意向を受けて、2003年8月、4男のタミーム殿下を新皇太子に指名。ハマド首長即位後、自由化・民主化を推進。

外交 全方位外交を標榜しつつ、安全保障、経済面で不可欠である対米関係を重視。自国の安全保障を確保する上で重要性を有するイランに友好関係を強化。

産業 主要産業は(1)原油：確認埋蔵量約252億バーレル（世界シェア1.5%）、可採年数約38.1年、生産量約181万B/D、(2)天然ガス：確認埋蔵量約24.7兆立法メートル（世界シェア13.1%）、可採年数144年、生産量1713億立方メートル（2021年BP統計）である。GDP約2196億ドル、一人当たりGDP約8.4万ドル、GDP成長率2.4%、総合物価上昇率3%（2023年IMF推計）である。予算（2023年カタール財務省）は歳入616億ドル、歳出537億ドルである。主要輸出品目はLNG、石油、石油化学製品、主要輸入品目はタービン、自動車、電気機器である。主要輸出相手国は中国、インド、韓国、日本、主要輸入相手国は中国、米国、インド、イタリア（2022年カタール開発計画・統計省）である。

経済 (1)政府主導型経済で、国内経済は政府歳出に、政府歳入は石油・天然ガス収入に大きく依存する。ポスト石油の国家収入源としてノースフィールド天然ガス田（世界最大級）開発（LNG・GTL等）を積極的に推進。(2)財政支出軽減のために民営化に取り組む。石油・天然ガス依存型経済からの脱却のための産業育成を推進。(3)労働力は外国人労働者に大きく依存（カタール人は約25万〜30万人程度）。人口増加に伴う若年層の雇用機会の確保と外国人労働力に依存した構造からの脱却を狙って、政府はホワイトカラーの自国民化を掲げ、エネルギー・工業分野の国営企業においては2005年末までに従業員の50%をカタール人とする目標を達成。

経済協力 カタールの所得水準向上で1998年度に日本はODAによる援助を終了。

2.カタールのスポーツ立国と観光開発の経緯

ドバイに対抗意識、金融センター設立

2005年1月、カタールはドーハで「カタール金融センター」（QFC）の設立を発表した。同2月にカタール閣僚会議直轄の運営組織および監督機関の法制化が整い、5月

に免許申請受け付けなどの業務を始めた。カタールは世界第3位の天然ガス埋蔵量を持ち、2012年には世界最大の液化天然ガス（LNG）輸出国になることを目指す。1人当たりGDPは3.7万ドル（2004年）と中東最高である。2005年頃には湾岸諸国でオイルマネーの行き先が国内に向き始め、ドバイに対抗意識を持ち、金融センターの設立が続いた。2001年の米国同時テロ以降、欧米で運用されていたオイルマネーが湾岸諸国に戻り、原油価格高騰が未曾有の流動性資金を生む。銀行与信が拡大し、株式市場も活況で、さらなる経済活性化を促すため、湾岸各国は金融ビジネスに躍起になっていた[149]。

UAEに対抗意識、中東のスポーツの中心目指す

2006年12月、アジア最大のスポーツの祭典（4年に1度開催）、第15回アジア競技大会がドーハのハリファ競技場で開会された。カタールはアラビア半島初となるアジア大会を開催することで国際的知名度をアップさせて投資を呼ぶ戦略をとる。報道陣に配布された資料にも大会理念ではなく国の素晴らしさをうたう文句が連なる。**五輪は対外宣伝**に利用される傾向にある。カタールで砂漠都市の沖合にガス田が確認されたのは、1970年代の終わりで、1990年代後半に生産が始まり、一気に金持ち国家になった。原油価格が高騰する中、液化天然ガスの増産を進める計画もある。2004年で20.5％になった経済成長を背景に、ドーハ市内は至るところで高層ビルの建設ラッシュである。しかし天然資源には限りがあり、産業の**脱天然ガス化**が必要である。手本になるのがドバイで、カタールは似た方法を採用する。在留邦人が「UAEへの対抗意識は強い」と指摘する。UAEのエミレーツ航空に負けじと、国営カタール航空は日本や中国への直行便を開始した。中東の中心としてドーハを売り込む。その第一歩がアジア大会である。大会組織委員会のカタニ事務総長は、「中東におけるスポーツの中心にしたい」「大会が成功すれば海外から新たな投資が見込める」と述べた。カタールでは、大会の成功を機に、東京が名乗りを上げた2016年五輪の招致も目指す[150]。

---

[149] 2005/08/09 週刊エコノミスト 76～77頁「〔オイルマネーで潤う湾岸諸国の「金融戦争」〕－資源」
[150] 2006/12/02 産経新聞　東京朝刊23頁「ドーハ・アジア大会　ビジネス戦略、見え隠れ」

「世界一つまらない国」がサッカーW杯に40兆円投資

2022年11月、中東初開催となるサッカーW杯カタール大会が開催された。酷暑を避けるため11月の開幕となった。かつてカタールは「世界一つまらない国」と言われた。カタールはW杯をきっかけに観光資源開発に注力した。カタールは2030年までに観光客を年間600万人まで増やす目標を立てている。W杯開催の関連費用は総額で約40兆円にのぼるとも言われる[151]。

W杯は外交の舞台

カタールの最大の特徴は、人口に占める国民の割合の少なさである。正確なデータは明らかにされていないが、人口およそ290万人のうち、国民は1割程度と言われる。ドーハ市内中心部に高級ブティックやショッピングモールが並び、客はカタール人で、店員は全員外国人労働者である。インド、パキスタン、フィリピン、ネパールなどアジア出身の出稼ぎ労働者が多い。ドーハ郊外には、労働者が集団生活するアパートが並び、ベランダに作業服がたくさん干され、歯ブラシや古着などの路上販売がにぎわう。カタールでは労働力のほとんどが外国人労働者である。この社会構造は豊富な天然ガスによる。カタールの沖合に世界最大級のノースフィールドガス田があり、ここから産出される天然ガスをLNG（液化天然ガス）に加工し、世界中に輸出する。それが人口の約1割の国民に莫大な富をもたらし、天然ガスによる資金力はスポーツ振興に向けられる。W杯会場では、VIP席のさらに上に「VVIP」と呼ばれる特別な場所が設置され、特別な招待客が入場できる。カタールで政治の実権を握るタミム首長専用の部屋も用意され、タミム首長が特別な客と観戦しながら会談できる。カタール政府はW杯を機に、各国の要人などをもてなして**外交**の場に利用したいようだ[152]。

---

[151] 2022/11/23 エムデータTVウォッチ（テレビ朝日）「＜もっと知りたい!NEWS＞男子サッカー・W杯カタール大会・観光立国へ40兆円投資」
[152] 2022/11/25 NHKニュース「WEB特集　中東初のサッカーワールドカップ開催国　カタールってどんな国?」

ホテル不足でアパート転用を前提に建設

　カタールW杯では国民の半数近くにあたる延べ120万人以上の観客動員を目指す。カタールはUAEやエジプトなどと比べて、ホテル数が大幅に少ないため、タジアムに比較的近い8ヶ所の空き地に「ファンビレッジ」と呼ばれる仮設の宿泊施設を建設した。うちドーハ市内の広大な空き地に設けられた「キャラバン・シティ」に数百台のトレーラーハウスがあり、1泊407カタールリヤル（約1.6万円）からである。W杯にむけて多数のアパートが建設され、臨時のホテルとして利用される。このアパートはW杯後に家具家電付きの賃貸住宅として一般に貸し出される。宿泊施設の不足を補うために、W杯期間中はクルーズ船を外国から寄港させ、ホテルとして利用する[153]。

インドネシアに8000万ドル投じてホテル建設

　2023年1月16日付のインドネシア紙インベスター・デーリー（11面）によると、カタールのトーヒル国営企業相は東ヌサトゥンガラ州西マンガライ県ラブアンバジョでのホテル建設向けに、カタールの投資家から8000万ドル（約100億円）の投資公約を獲得した。ラブアンバジョでは同年、ASEAN首脳会議の開催が決まり、今後観光開発が推進される見込みである[154]。

3. カタールのテーマパーク事業の経緯
キッザニア・ドーハ開業

　カタールはテーマパークの大規模プロジェクトは2024年現在ないが、ドーハにキッザニア・ドーハと赤い鳥の人気ゲーム「アングリーバード」のテーマパークがある。

　キッザニア・ドーハの公式サイト[155]（英語版）によると、スポンサー企業はカタール航空、カタール銀行、マクドナルド、日本の日産自動車などである。

---

[153] 2022/11/25 NHKニュース「WEB特集　中東初のサッカーワールドカップ開催国　カタールってどんな国?」
[154] 2023/01/16 アジアビジネス情報（時事通信）「カタール、8000万ドル投資へ＝ラブアンバジョでホテル建設—国営企業相・インドネシア」
[155] KidZania Doha, 2024年7月5日アクセス https://doha.kidzania.com/en-qa

中国版ディズニーランドがカタールに建設計画

2012年5月、中国企業「華強文化科技集団」（本社広東省深圳市）が「中国版ディズニーランド」と呼ばれるテーマパークをカタールに出店する計画を進めていることが明らかになった。同社はディズニーランドに対抗し、中国式のレジャー文化を世界に広める目的とみられる。中国メディアによると、イラン中部イスファハンでは同社のテーマパークが年内にオープンする見込みで、南アフリカやウクライナとも既に合意している。同社の中国内テーマパークには、中央に巨大な湖があり、火山探検や宇宙飛行の疑似体験ができるアトラクションや同社が制作したアニメを楽しめる設備などがある。ディズニーランドのシンデレラ城に似た建築物もあるが、同社はテーマパークの「知的財産権は完全に所有している」と独自開発を主張する[156]。

商業施設内に中国版ディズニーランドか

ドーハの西端に2006年に開業したショッピングモール「ビラジオモール」（テナント200店以上）に2022年12月に夕刊フジの記者が来店したところ、モール内にイタリアのヴェネツィアを思わせる運河、ディズニーランドの屋内版ともいえるテーマパーク、観覧車、ジェットコースター、プールに突入していくウォータースライダー、アイススケートのリンクがあった。12月でも日中は気温30度まで上がる日もあるドーハで、このモール内は気温20度に設定され、薄着でスケートができる。営業時間は朝9時から深夜0時までで、定休日は基本なしである[157]。

ドーハに「アングリーバード」のテーマパーク開業

2016年8月、ドーハのショッピングモール内に人気ゲーム「アングリーバード」をテーマにしたテーマパークが2017年オープンで計画が進行していた[158]。そして2018年6月14日にカタール最大のショッピングモールの一つにアングリーバードのテーマ

---

[156] 2012/05/22 東奥日報　夕刊2頁「中国版ディズニー　世界へ／イラン、南アなどへテーマパーク輸出」
[157] 2022/12/08 夕刊フジ「カタール通信「世界一退屈な国」カタールのテーマパーク 2006年開業「ビラジオモール」で大きく変わったイメージ」
[158] 2016/08/23 ウォール・ストリート・ジャーナル日本版「原油離れする湾岸諸国、テーマパークに熱い視線」

パーク「アングリーバード・ワールド」が開業した、と Twitter「VisitQatar[159]」が発表した[160]。

4. 外国人労働者の劣悪な労働環境
競技場建設作業員が年間数百人死亡

　W杯のスタジアムなどの建設に従事した外国人労働者が劣悪な条件で労働を強いられ、死者が出たとして問題になった。2013年9月、インド南部出身の40代の労働者がドーハのスタジアム建設現場で亡くなった。そのインド人労働者は同年6月にスタジアム建設に、出稼ぎに来た。夏の間中、50度もある熱風が吹きつける砂漠の現場で、1日に11時間、週6日も働いた。カタールでは最も熱い夏の2ヶ月間は11時半から15時までの作業が禁じられているのに、雇用主は働かせた。厳しい労働の中、3〜4年後に帰郷し、娘を結婚させ、住宅新築の夢を見ながら耐えた。しかし9月半ば、高熱に苦しみ、寮で倒れた。同僚が作業を終えて帰ってきたところ、心臓麻痺で死亡していた。救急車で運ばれた後、彼の消息を聞いた同僚はいない。1人当たり国民所得11万ドルと、世界で最も豊かな国といわれるカタールでのW杯スタジアムの建設現場で、外国人労働者らは過酷な気候の中、奴隷労働に苦しみながら、毎年数百人が死亡していると、フランス雑誌ルモンドやガーディアンが報じた。カタールでは道路や地下鉄、ホテル、マリーナリゾート、住居団地などインフラ工事が盛んに行われている。カタールでは2022年までに150万人の外国人労働者らが動員され、その大半がインドやネパール、スリランカ、バングラデシュ、フィリピンなど南アジア・東南アジア出身で、月給180〜243ユーロである。ルモンドが在カタールのインド大使館から入手した資料によると、2010年から2012年にカタールで死亡したインド人労働者は700人、2013年は9ヶ月間で159人である。ネパール大使館は、「ネパールの労働者らは毎年200人ほど亡くなっている」と明らかにした。死因は心臓麻痺が50〜60%、作業場での事故や交通事故が15%を占めた。20代の若い労働者が毎日1〜2人ほど心臓麻痺で死亡しているのは高熱、脱水、過労のためと見られる。労働者らは自宅に帰ることができない。大半の労働者が祖国を

---

[159] 2018/06/14 06:03 Twitter「VisitQatar」@VisitQatar、2023年2月25日アクセス
[160] ANGRY BIRDS WORLD、2023年2月25日アクセス https://www.angrybirdsworld.qa/

離れる時、飛行機代やビザの費用のため巨額の**借金**を抱えて仕事に来ており、それを悪用され、何ヶ月も**賃金未払い**だからである。カタールの労働実態について調査した国際労働組合総連合のシャロン・バロー事務総長は、「1週間に平均12人の労働者が死亡している」「カタール政府の対策が無ければ、2022年までに少なくとも4000人が死亡することになるだろう」と発表した[161]。

外国人労働者6750人死亡

　カタールにとってW杯は国威発揚の意味合いが大きい。ドバイは万博を2021年に開催し、サウジアラビアは2030年の万博開催を目指している。エジプトの国際経済専門家、ラシャド・アブド氏は「カタールはサウジなどに匹敵する国になることを目指しており、W杯開催で自国を発展した『大国』に見せたがっている」と分析する。海外メディアは、スタジアム建設に当たる外国人労働者の劣悪な待遇を再三報じている。英紙ガーディアンによると、外国人労働者の死者数は2011年からの10年で6750人以上である[162]。

月額最低賃金3.1万円、健康な若年労働者の死を「自然死」と発表

　2021年12月、カタールで出稼ぎ外国人労働者の環境改善が十分に進んでいないとシュミット欧州委員（雇用・社会権担当）は指摘した。シュミット氏はカタールが取り組んでいる労働市場改革について協議するため、12月に入ってカタールのマッリー行政開発・労働・社会問題担当相と会談し、EUがカタールの労働環境を懸念していると伝えたことを明らかにした。カタールの外国人労働者は約210万人と、同国の労働力人口の90％以上にのぼる。国際労働機関ILOが11月に公表したカタールに関する報告書では、2020年に労働災害で50人が死亡し、506人が重傷を負ったことが明らかにされた。ILOはカタール政府の労働衛生統計の改善や、健康そうだった若い労働者が「自然死」した件での調査方法見直しも求めている。マッリー氏はブリュッセルでの別のインタビューで、カタール政府の人権状況に問題はないとの見方を示し、同国の死亡率につ

---

[161] 2013/10/30 東亜日報「カタールW杯競技場工事現場で年間数百人が死亡」
[162] 2021/11/19 毎日新聞　朝刊6頁「追跡：サッカー・カタールW杯まで1年　見通せぬコロナ、懸念　世界から観客、120万人予想」

いての一部メディアの報道はカタールを「悪者扱い」していると語った。同氏はカタールによる最近の改革を列挙した。雇用主が「身元引受人」になり、外国人労働者を国外に追放したり、出国許可を与えたりする「カファラ制度」を撤廃したと述べた。さらに、「大半の外国人労働者が出国する際に雇用主の許可を必要とする制度を廃止、暑さによるストレスを減らすために労働時間規制を厳格化し、最低賃金を導入、労災は大幅に減った、労働者の人権改善はW杯閉幕後も続く」と述べた。アムネスティ・インターナショナルは11月に公表した報告書で、カファラ制度の改革は重要な一歩前進と認めたが、雇用主による労働者の法的地位の支配や虐待的な雇用主による報復措置など、実際には問題ある要素はまだ残っていると指摘した。各国大使館や人権団体は出国許可が2年前に廃止されて以来、労働者がカタールから出国しやすくなった点については同意したが、一部の外国人労働者、特にメイドなどの家庭内労働者は、雇用主から言いがかりをつけられて提訴されたり、パスポートを取り上げられたりするなど、過酷な状況にあると言う。シュミット氏は「外国人労働者を完全に支配する」従来の制度の撤廃など一定の進展を認めたが、「事故や外国人労働者の健康と安全性、労働条件にはまだ問題がある」「カタールが導入した最低賃金は月1000カタール・リヤル（約3.1万円）で、これに住居費と食費の補助が付く程度では賃金水準は非常に低い」と述べた[163]。

死亡したネパール人労働者の家族に説明も補償も無し

　カタールで外国人労働者が数千人規模で亡くなっていると、国際社会から批判が上がっていた。ネパール出身のカシラム・ベルバシ氏はワールドカップ開催が決まった2010年以降、カタールで働いてきた。健康で持病も無かったが2015年に突然死亡した（享年32歳）。カタール当局が発行した同氏の死亡証明書の死因の欄に「呼吸不全自然死」とだけ書かれている。死亡の経緯は説明されていない。彼の同僚は「深夜0時、彼が2回壁をたたく音を聞いて起きた。呼びかけたが、返事がなかったので救急車を呼んだ。彼は病院へ搬送され、翌日に死亡したと言われた」と言う。2人が働いていたのはW杯にあわせて建設が進められた地下鉄の現場で、同氏は電動カッターで木材を加工するな

---

[163] 2021/12/14 日経速報ニュースアーカイブ「[FT]W杯控えるカタール、出稼ぎの劣悪な労働環境に批判」

どの作業を担当した。屋外で1日11時間、週6日間働いた。ネパールで暮らす同氏の家族のもとに届いたのは遺体と証明書だけで、カタールの企業から説明も補償もなかった。ネパール当局によると、2021年7月までの10年間にカタールで1570人が死亡、そのおよそ半数の774人の死因は「心停止」「自然死」「心臓麻痺」にされた。ネパール労働省外国雇用委員会のスレスタ事務局長は「死因は重労働、長時間労働」と疑っている。国際人権団体はカタール政府に改善を求めている。NHKはカタール労働省に取材を申し込んだが、回答は得られなかった[164]。

5. まとめ

本章では、カタールのスポーツ立国と観光立国の経緯を考察し、次の点を明らかにした。

第1に、カタールはUAE、特にドバイに対抗して、中東のスポーツの中心国を目指す。カタールは「世界一つまらない国」と言われたが、サッカーW杯（2022年）の誘致に成功し、40兆円を投資した。カタールはW杯をきっかけに観光開発に注力し、2030年までに観光客を年間600万人まで増やしたい。しかし観光立国を開始して間もないため、カタールではホテル不足でアパート転用を前提に建設するなど、W杯の観客が泊まるホテルが不足した。W杯開催など、集客力あるイベントを実行する資金力はあるものの、スピードが早すぎて、ホテルの建設が追いついていなかった。

第2に、カタールは2023年にインドネシアに8000万ドル投じてホテルを建設する。成長著しいインドネシアにホテルを建設することから、カタール**国内一極集中を回避**すると推察できる。戦争やテロ、クーデター、自然災害のリスクがあるため、1ヶ所に資源を集中させず、分散投資すると思われる。

第3に、カタールにはテーマパークの大規模プロジェクトは2024年時点では無いが、ドーハにキッザニア・ドーハと「アングリーバード」のテーマパークがある。ドーハに2006年開業のショッピングモール内にディズニーランドに似た屋内型テーマパークがあり、スケート場が併設されている。カタールでの観光開発は首都ドーハに集中してい

---

[164] 2022/02/01 NHKニュース「サッカーW杯・開催国カタール　急ピッチで準備"外国人労働者が数千人規模で死亡"」

て、他の地域に波及していないようだ。ドーハで成功し、ノウハウを蓄積し、資金を獲得し、第2の都市、第3の都市に展開し、経済成長が進むと推察できる。

　本章の限界は、日本ではカタールに関してそれほど報道されておらず、目ぼしい先行研究もなく、ここまでしか分からなかったことである。

　ドバイがセレブな外国人観光客と居住者を誘致する金融センター、アブダビは文化と芸術と差別化しているため、カタールはスポーツ立国で差別化を図ると思われる。そのために世界一人気で競技人口が多いサッカーに参入したのではないか。カタールはサッカーを中心にスポーツ立国を目指していると思われるため、以降でフランスのサッカーチーム、パリ・サンジェルマン買収やW杯不正誘致について考察する。

短編2　カタールがパリ・サンジェルマンを買収

1. はじめに

　本編では、カタールがフランスのプロサッカーチーム、パリ・サンジェルマン（PSG）を買収し、欧州サッカー事業に参入した経緯を考察する。2010年台前半にPSGは急速に強豪チームとなり世界的に知名度を上げた。それはカタールがPSGのスポンサーになり、巨費を投じたからである。

2. パリ・サンジェルマンを買収して欧州サッカー事業に参入

PSGとマンCがオイルマネーで移籍市場の主役に

　2011年9月、サッカーの移籍市場は締め切られ、フランス1部リーグのPSGとイングランド・プレミアリーグのマンチェスター・シティ（マンC）は最高額を投じて補強したチームとなった。PSGはカタール資本に買収されたことで財力をもち、アグエロに次ぐ移籍金4200万ユーロ（約46億円）でアルゼンチン代表MFハビエル・パストーレをパレルモから獲得するなど、総額8500万ユーロを投じて戦力を充実させた。マンCは2008年にアブダビの投資会社に買収され、豊富な資金を元に総額7600万ポンド（約95億円）を移籍市場に投入した。スペインのアトレティコ・マドリードからアルゼンチン代表FWセルヒオ・アグエロを2011年夏最高額となる移籍金3800万ポンド、イングランドのアーセナルからフランス代表MFサミル・ナスリを2500万ポンドで獲得するなど大型補強した[165]。

資源国が欧州リーグを席巻、サッカーは資源国の時代に

　2012年、欧州では経済危機が続いていたが、サッカー界では世界最高峰のレベルを誇り、原油価格高騰や天然ガス需要拡大を背景に膨れ上がった資源国マネーの流入先になっていた。欧州全体でクラブの赤字体質が常態化しており、オイルマネー注入で補填する。2000年代に、(1)リビアの元最高指導者カダフィ大佐の息子が強豪ユベントス（イ

---

[165] 2011/09/01 ロイター通信ニュース「サッカー＝マンC、PSGが中東マネーで移籍市場の主役に」

タリア）へ経営参画（2002年）、(2)ロシアの石油王ロマン・アブラモビッチ氏が名門チェルシー（英国）を買収（2003年）などオイルマネー流入が目立った。2010年代には、(1)2010年6月にカタール王族の富豪がマラガ（スペイン）を3600万ユーロで買収、(2)2011年4月にUAEの投資グループ、ロイヤル・エミレーツ・グループがヘタフェ（スペイン）を9000万ユーロで買収、(3)2011年6月にカタール・スポーツ・インベストメンツがPSGの株70%を取得した。スポンサー契約も同様で、バルセロナはカタールの非営利団体「カタール財団」と2010年12月に1億6500万ユーロで、レアル・マドリードはUAEのエミレーツ航空と2011年7月に推定1億6500万ユーロでそれぞれ約5年の契約をした。サッカージャーナリストで関西大学客員教授の後藤健生氏は「スポーツは本来、欧州クラブを買収している中東マネーやJリーグ創設当時の大企業のように、その国で富や権力を集める個人や企業の出資を必要とする側面がある」と述べた。欧州クラブの総収入トップ10は強さとほぼ比例関係にある。つまり金がある順に強い。これら10クラブの収入はJリーグ上位2クラブと4～10倍の差がついている。W杯開催国は2014年ブラジル、2018年ロシア、2022年カタールだったことから、世界のサッカー界は資源国の時代に入ったと言える。特に天然ガス大国であるロシアとカタールの存在感が高まっている。原油価格が1バレル＝100ドルを超える中、産ガス国にマネーが流入し、世界の資源大国のポジションが新しくなった。天然ガス埋蔵量が世界1位と3位のロシアとカタールがW杯を立て続けに開催した。ただし、(1)自国政治が安定しているか、(2)欧州リーグへ自国選手を送り出せているか、(3)国内の選手育成システムが十分か、などもサッカーの強さに影響する[166]。

欧州プロサッカーチームは資金を裕福な外資に依存

2013年3月、欧州チャンピオンズリーグ（CL）の8強に常連のレアル・マドリード、バルセロナ、バイエルン・ミュンヘン、そして珍しくPSGが入った。PSG躍進の原動力は2011年からオーナーになったカタールの財力である。2013年の戦力強化に1億ユーロ（約124億円）以上の資金を投下してPSGを強豪に押し上げた。**「選手年俸総**

---

[166] 2012/02/14 週刊エコノミスト 80-82頁「〔特集〕サッカーの経済学　資源国が欧州リーグを席巻…＝谷口健／「天然ガスの時代」が到来＝平田竹男－観戦をもっと面白くするサッカーの経済学」

額：戦力＝1：1」というスポーツ界の原則がPSGでも実現した。ただし資本力だけでは戦力アップにつながらない。オーナーが意図する理念、使命、戦略、戦術を社長以下のフロント、監督、コーチ、選手が共有する必要がある。具体的には、ゼネラル・マネジャーがクラブの方針に沿ってコーチと選手を集めるか、フロントがコーチの戦略と戦術を理解した上でコーチの眼鏡にかなう選手を集めることで具現化する。集金方法は、(1)レアル・マドリード等のように会員の会費などで運営を支えるソシオ組織を充実する方法、(2)米国プロアメリカンフットボール（NFL）のように各球団の戦力を均衡させてリーグ全体が集金マシンになる方法、(3)PSGのように裕福な外資に依存する方法などがある。ただしリバプール（英国）は、オーナーの米国資本家の破産に伴うオーナー交代で強豪と言えなくなった。マンチェスター・ユナイテッド（マンU）も米国資産家が買収時の借入金をクラブの負債に組み入れたために財務内容が著しく悪化した[167]。

カタール王族の金満オーナーの怠慢で資金難

2013年の欧州CL上位クラブはバルセロナ、マラガ（ともにスペイン）、PSGなど巨額の中東マネーが注入されたチームとなった。松本山雅FCの反町康治監督はこの状況に、「強くなるには中東の金持ちを見つけるのが一番早い」と述べた。マラガは2010年にカタール王族のシェイク・アルタニが40億円超を投じ買収したことで財政状況が激変した。元オランダ代表FWファンニステルロイら大物を次々と補強し大躍進した。ところが2012年夏、その金満オーナーの怠慢による資金難が表面化し、クラブ運営に支障が出そうになった。そのような状況で2013年にクラブ史上初の欧州CL8強進出を果たしたのは、イスコ、ガメスら下部組織上がりの若手の台頭があったからで、彼らを活用した名将ペジェグリニ監督の手腕も大きい。資金力と育成力のバランスが取れた時、サッカークラブは成功できる[168]。

---

[167] 2013/03/20 Fuji Sankei Business i. 20頁「【スポーツ経営放談】帝京大経済学部教授・大坪正則」
[168] 2013/04/16 信濃毎日新聞朝刊21頁「サッカー世界標準＝ドルトムントとマラガの躍進　資金力と育成力とが必要（元川悦子）」

PSG 330億円補強が結実し19季ぶりに仏1部制覇

2013年5月、PSGがリヨンを1-0で下し、フランス1部リーグで19季ぶり3度目の優勝を決めた。スウェーデン代表FWイブラヒモビッチをACミラン（イタリア）から獲得するなど、巨費をつぎ込んだ大型補強が実った。低迷が続いていたPSGは2011年、カタールの投資ファンドに買収されると世界屈指の金持ちクラブへと一変した。AP通信によると、選手獲得などに2.5億ユーロ（約330億円）を費やした。2012年1月には元イングランド代表MFベッカムも獲得した[169]。

PSGを買収し強豪に育てた皇太子が首長就任

2013年6月、カタールのハマド首長（61）は国営テレビを通じて演説し、自らの退位と、四男タミム皇太子（33）の首長就任を発表した。ハマド首長は演説で退位の理由に触れなかったが、タミム新首長のもとでカタール指導部は若者世代を最重視した統治を行うと言う。カタールでは1971年の独立以来、無血クーデターによる首長交代が繰り返され、ハマド首長も1995年に父を追放して首長の座を得た。中東では異例といえる存命中の権力継承は、皇太子への円満な移譲を確かなものにする目的とみられた。タミム新首長は2003年に兄ジャシム氏に代わり皇太子となった。カタール投資庁のトップとして巨額資金の運用を指揮し、PSGを買収し、強豪チームに育てた[170]。

バレンシアをシンガポール、カタール、米国のファンドが買収合戦

2014年1月、シンガポールの著名投資家ピーター・リム氏が名門サッカーチーム、バレンシア（スペイン）の買収に名乗りをあげ、さらに米国とカタールのファンドが参戦し、三つ巴の買収合戦になった。バレンシアに3億ユーロを融資し、買収提案の受け入れについて重要な発言権を持つスペイン大手銀行のバンキアが発表したと複数のメディアが報じた。バンキアはリム氏の他に米ファンドのTPGキャピタルとカタール政府系ファンドのカタール・インベストメント・オーソリティから買収提案を受けた。リ

---

[169] 2013/05/16 中国新聞夕刊2頁「パリSG、330億円補強が結実　19季ぶり仏1部制覇　イブラヒモビッチやベッカム」
[170] 2013/06/26 東京読売新聞　朝刊7頁「カタール首長、四男に譲位　円満交代　安定統治狙う」

ム氏は財政難にあえぐバレンシアに対し、バンキアからの借金の肩代わりや補強費用の提供などを含む計4億ユーロ（約570億円）ほどの出資を提案した。他の2社の提案はそれぞれリム氏をしのぐ規模と言われている。このうちカタール・インベストメント・オーソリティはPSGを買収しており、経営実績も十分である。半面、TPGキャピタルはサッカークラブ経営の経験はなく、買収した企業を短期保有し、後に売却するタイプのファンドのため、長期的な保有を望むバレンシアとは思惑が合致しないとみられた[171]。結果的に、シンガポールのリム氏が買収した。

PSG、史上最高の移籍金290億円でネイマール獲得

2017年8月、ブラジル代表ネイマールがPSGに移籍することになった。欧州メディアによると、移籍金2億2200万ユーロ（約290億円）で、従来の最高額の2倍以上と史上最高を更新した。ネイマールはPSGと5年契約を結び、現地報道では年俸3000万ユーロ（約39億円）である。彼が4季在籍したバルセロナ時代の2倍である。この巨額を支払うのはPSG会長のカタール人、ナセル・アルケライフィ氏で、有名な大富豪でカタール王族に近い人物である。なおバルセロナの胸のスポンサーは2016～2017年シーズンまでカタール航空だった（2017年から楽天）。これまでカタールは豊富なオイル・ガスマネーを使い、各地の有名資産に投資してきた。英国の名門百貨店ハロッズ、米ニューヨークのエンパイア・ステートビル、米映画会社ミラマックス、伊ファッションブランドのヴァレンティノはすべて買収または出資した[172]。

PSGとマンCが2大金満クラブとして悪影響

2017年、カタールの潤沢なオイルマネーでスターを次々に引き抜く商法が批判されていた。ネイマールに続き、18歳のフランス代表の至宝エムバペ選手を仏リーグの宿敵モナコから獲得した。期限付き移籍という形だが、すでに1.8億ユーロの移籍金で買い取るというオプションがついているとされる。バイエルン（ドイツ）は5度の優勝を誇る名門中の名門で、ビッグクラブ間の高額な選手引き抜きとは一線を画し、伝統的に

---

[171] 2014/01/17 日経速報ニュースアーカイブ「スペイン名門サッカークラブ買収に米とカタールのファンド参戦　シンガポール著名投資家に対抗」
[172] 2017/08/04 日本経済新聞電子版セクション「ネイマール獲得　カタールマネーの底力」

堅実な経営をしている。バイエルンのルンメニゲ社長は大金でネイマールが PSG に移籍した時、独紙に「私たちは別の哲学を持っている。狂気じみた傾向に付き合う気はない」とコメントした。2003 年、石油で財を成したロシアの富豪アブラモビッチがチェルシー（イングランド）を買収し、巨費を投じて選手補強し栄冠を手にした。米国、中東、アジアの大富豪も追随した。他のクラブも無い袖を振って選手補強に走り、債務超過で降格する名門、古豪も出た。そうした危機感から欧州サッカー連盟（UEFA）が 2011 年に経営健全化の切り札として「**ファイナンシャル・フェアプレー制度**」（財政面で公平に戦おう）を打ち出した。クラブの収入に合った**身の丈経営**を呼びかけ、一時は抑止効果が出た。しかし、オーナーたちの栄光への欲望は抑えられない。PSG とアブダビの投資ファンドが 2008 年に買収したマン C は**移籍金の高騰をあおる** 2 大金満クラブとして知られる。個人の富豪ではなく、事実上国家が石油などから得た無尽蔵の資金で支援していると批判されている。スペインリーグのテバス会長は「PSG とマン C の振る舞いは欧州の競争をゆがめ、サッカー界に取り返しのつかない損害を与えるインフレの連鎖を生み出す」と非難し、両クラブの財務事情を調べるよう求めた。マン U のモウリーニョ監督は「ネイマールには 2 億 2200 万ユーロの価値があるだろう。彼の移籍が問題なのではない。彼の移籍による影響が問題」と批判した。世界からなだれこむ巨額資金を放任すると、勝ち組と負け組の二極化が進む[173]。

PSG、エムバペ選手に給与未払い 170 億円

2024 年 6 月、フランス代表 FW エムバペ選手が PSG に給与未払いで 1 億ユーロ（約 170 億円）の支払いを求めている、とフランス『レキップ』が報じた。エムバペは同年 4〜6 月の給与、報奨金、忠誠ボーナスが未払いとして、リーグ・アンのプロフットボール憲章 259 条「各クラブは契約選手に対して、遅くとも毎月最終日に給与を支払わなければならない」に基づき、PSG に 1 億ユーロを要求している。エムバペと PSG は警告段階で訴訟に至っていないと見られた。エムバペは PSG と契約を延長せず、フリーでレアル・マドリードに加入することが決定していた。しかし『レキップ』によれば、PSG

---

[173] 2017/11/05 朝日新聞　朝刊 17 頁「グローブ 199 号＜世界のスポーツ：100＞「金満商法」パリ・サンジェルマン　二極化で増える大味な試合」

はエムバペと契約延長を結んでからの売却や給与支払いを抑えることで、エムバペのために費やした金額のうち1.8億ユーロ（約307億円）を取り戻す算段とされる。エムバペが口頭ながら一部金銭の受け取り放棄を約束していたこともあって（その約束のために契約延長を拒否した後の全体練習復帰が実現した）、PSGは4月以降の支払いを取り止めた。エムバペとPSGは裁判に発展させぬよう交渉を続けていくと見られた[174]。

3. まとめ

　本編では、カタールがPSGを買収し、欧州サッカー事業に参入した経緯を考察した。

　第1に、2000年代前半の資源価格高騰でカタールは外貨を増加させた。カタールは資源マネーを投資してPSGを買収し、そこにベッカム、ネイマール、エムバペなど世界のトップ選手に巨費を投じて獲得した。しかしPSGとマンCは2大金満クラブとして批判されることとなった。この2チームが選手獲得金額を釣り上げてしまい、巨額の資金力を持つクラブ以外は太刀打ちできないレベルになった。

　第2に、2010年代から2020年代前半にかけて、PSGは世界的な知名度を上げ、カタールのPSG買収は大成功したかに見えたが、2024年6月にPSGはエムバペ選手に給与未払い約170億円が発覚し、トラブルになっている。カタールは経済力に合わない巨費を投じているのではないか。

　第3に、スポーツチームは富や権力を集める個人や企業の出資を必要とする側面がある。これは米映画業界の**ハリウッドと同じ資金調達戦略**にあることが分かった。ハリウッドはその時代に世界で最も資金力のある国の資金力のある企業から資金調達する（中島, 2017）。例えば、ハリウッド大手映画会社のコロンビアは、1982年にコカ・コーラに買収され、1989年にソニーに買収されソニー・ピクチャーズと社名変更した。同じくハリウッド大手映画会社のMCA（ユニバーサル）は1990年に松下電器（現パナソニック）に買収された。ハリウッドが**本当に売っているものは夢と憧れ**である。おそらく欧州の名門サッカーチームが本当に売っているものも夢と憧れ、そしてチーム名を使った広報による**知名度とイメージアップ**だろう。

---

[174] YAHOO! JAPANニュース「エンバペ、給与未払いなどでPSGに対して約170億円を要求！フランス紙報道｜リーグ・アン」2024年6月28日アクセス
https://news.yahoo.co.jp/articles/bc9712f87632f14c5d7b15d501b9a6984f450f05

第 4 に、欧州クラブの総収入トップ 10 は強さとほぼ比例関係にある、つまり金がある順に強い。かつて日本ではプロ野球の読売巨人軍が圧倒的な資金力と強さを誇っていて、その後ソフトバンクが圧倒的な資金力で有名選手を獲得するようになった。日本のプロサッカー、Ｊリーグには楽天の三木谷浩史氏が巨費を投じてスパインのトップクラスの選手イニエスタを獲得したヴィッセル神戸など、資金力が際立つチームがある。ただ、必ずしも世界トップクラスの選手を獲得したら勝てるわけではない。しかしながら、スポーツ界では選手総年俸の多い順に強い傾向にあることは間違いないだろう。

　サッカーは世界一競技人口が多いスポーツと言われており、トップクラスのチームは世界中で報道されるため、スポンサーになれば宣伝効果が高い。カタールは今後も競技人口が多く、宣伝効果の高いスポーツに出資するのではないか。

短編3　カタールのW杯不正誘致疑惑

1. はじめに

　本編では、カタールW杯の不正誘致疑惑を考察する。2022年カタールW杯はカタールが金銭授受による不正誘致を行ったと報じられている。カタールはドバイの急成長に刺激され、開発を急いでいるのだろう。オイルマネー・ガスマネーを一気に投じて国際的に上位国の仲間入りをしようとしているのではないか。同時に、W杯のスタジアム建設にあたる外国人労働者を低賃金で重労働を課し、多数の死者を出したとして批判されている。

2. カタールW杯誘致不正疑惑の経緯
カタールは日本の4倍以上の誘致費用支出

　2013年1月29日発売のフランス・フットボール誌(以下FF)に「カタールゲート」のタイトルで、タブロイド判15ページにわたる特集が組まれた。2022年ワールドカップ開催がカタールに決まった際の不正について、様々な事実・証言を出しながら告発された。これは、後に触れる英サンデータイムズ紙による2010年の報道を除けば、カタールW杯招致スキャンダルをめぐる唯一かつ最大の告発と言える。2012年7月17日、FIFA(国際サッカー連盟)はマイケル・J・ガルシアを倫理委員会の調査局長に任命した。ガルシアはアメリカの連邦検事として金融犯罪と国際テロを主に担当し、インターポールのアメリカ地区副局長も務めた。ガルシアはFIFA理事会から、調査における全権と独立権を認められると、調査に一切妥協しないと断言し、元CIAとFBIのエキスパートたちに協力を仰ぎ、調査を開始した。

　カタールが不正したと疑われる理由は、少なくとも日本の4倍以上の招致費用を使ったことによる。カタールによる不正な**利益供与**と、その見返りにFIFA理事会でカタールに投票したと告発されている。2010年11月、W杯開催国決定の理事会の2週間前、FIFA第8代会長ゼップ・ブラッターの私的コンサルタントを務める人物が住所非公開の豪華オフィスにFFの記者たちを招待し、「イングランド(2018年大会に立候補)は1次投票で落ちる。彼らはよくても2票しか取れず、2018年大会はロシアの手の中に

ある。2022年大会、それはカタールだ」とコメントしたとされる。その1ヶ月前に英サンデータイムズ紙は、2人のFIFA理事アモス・アダム（ナイジェリア）とレイナル・テマリー（タヒチ）のインタビューに成功し、「利益供与を受けたうえで投票を決めたい」という証言を引き出した。また同紙は、ジャック・アヌマ（コートジボワール）とイッサ・ハヤトウ（カメルーン、CAF＝アフリカ連盟会長）が、「投票と引き換えに150万ドルを受け取った」というコメントを招致委員の1人から得た（<u>後に否定</u>）。カタールは正規の招致費用だけで3375万ドルを支払った。これはオーストラリアの2660万ドルを別にすれば、大本命だったアメリカ（1175万ドル）の3倍、最も少なかった日本（790万ドル）の4倍以上である。カタールW杯招致アンバサダーに就任したジダンは、その報酬に1100万ドルを受け取った。またカタールは2010年1月にアンゴラで行われたCAF総会の費用125万ユーロを全額負担して総会を買い取り、4人のアフリカ人FIFA理事と独占的に接触した。ただしW杯の<u>正規の招致活動と贈収賄</u>との区別は簡単ではない。

　2010年10月23日、フランス大統領官邸であるエリゼ宮で、ニコラ・<u>**サルコジ大統領**</u>（当時）はカタール皇太子のタミン・ビン・ハマド・アルタニとミッシェル・プラティニUEFA会長、セバスチャン・バザン・コロニーキャピタル（PSGの親会社）代表を招待し、会合が行われた。その席で、赤字に悩むPSGのカタール資本への売却と、独占的にリーグ戦を放映してきたフランスの有料テレビ放送局カナル・プリュスに対抗する新しいテレビ局の設立（アルジャジーラにより新設されたBe In Sportは放映料として2016年まで毎年1億5000万ユーロをフランス・リーグに支払う）や、その見返りにアメリカを支持していたプラティニがカタールに投票することなどが決まったという。関係者が口を閉ざすこの会合の裏には、W杯に向けて10億ユーロの需要が見込まれるという、カタールのインフラ整備に対するフランスの関心があった。また弁護士見習いだったプラティニの息子は、2012年1月に偶然にもカタール・スポーツ・インベストメントに、ヨーロッパ支局のシニア・マネージャーとして就職した[175]。

---

[175] 2013/02/24 Sports Graphic Number Web「カタールは本当に不正を行ったのか？'22W杯招致をめぐる仏メディアの告発。」2024年5月3日アクセス
https://number.bunshun.jp/articles/-/345598

大会組織委員会、誘致活動での不正を否定

　2014年6月、カタールW杯の組織委員会はW杯招致活動に不正があったとする英紙の報道を強く否定した。英紙サンデー・タイムズはFIFAの元理事、モハメド・ビン・ハマム氏がカタールに投票する見返りとして約500万ドル（約5.1億円）を支払ったことを示す書類を入手したとして、11ページにわたって報じた。カタールW杯の組織委員会は「我々は常に高い道徳と倫理基準をもって臨んできた。ビン・ハマム氏はカタールの招致委員会においていかなる役割も果たしていない」「FIFAの調査にも協力している」「カタールの名誉を守るためには手段を辞さない」と述べた。FIFAのジム・ボイス副会長は、不正が証明されれば、再投票の可能性もあるとの見解を示した[176]。

2022年大会の開催地白紙で日本開催の可能性が浮上

　2015年5月、米司法当局がFIFA関係者ら14人を贈収賄などの罪で起訴し、スイスの検察当局が2018年ロシア、2022年カタールの両W杯招致に絡む不正で8人の逮捕者が出るなどした捜査を開始した問題で、疑惑の対象となっている2022年大会の開催地が白紙になった場合、日本での代替開催案が浮上する可能性が出た。FIFAは大混乱に陥った。同月29日にFIFA会長選が行われる。訴追対象は氷山の一角とみられ、米欧にまたがる大掛かりな捜査に発展した。日本は2022年大会の招致に米国、韓国、オーストラリアとともに立候補したが、2010年に行われた投票でカタールに敗北した。しかし不正疑惑はその直後から続出した。FIFAも調査に乗り出し、一時は開催妥当と結論を出したが、その後、特定の個人に不正があった可能性があるとしてスイス司法当局に訴えを起こした。米司法当局はFIFA幹部らが1991年から2015年までに1.5億ドル（約185億円）以上を不正に得たとしている。有料放送の世界的な普及で1990年代から放映権料は上昇を続け、スポンサーの協賛金収入も増大した。1989年に約13億円だったFIFAの収入は2014年には約2580億円まで膨らんだ。そうした中、横領や収賄につながり、テレビ放映権などの利権も絡んでバブルが膨らんでいる[177]。

---

[176] 2014/06/02 Reuters「W杯＝2022年カタール大会組織委、招致活動での不正を否定」2024年5月3日アクセス https://jp.reuters.com/article/qatar-denies-world-cup-wrongdoing-idJPKBN0ED08520140602/
[177] 2015/05/29 スポーツ報知6頁「サッカー　FIFA汚職問題　22年大会の開催地白紙で日本開催の可能性が浮上」

買収の証拠が出たら開催権剥奪か

　2015年6月、FIFAがロシアとカタールのW杯開催権剥奪の可能性に初めて言及した。ドメニコ・スカラFIFA会計監査委員長はスイス週刊誌「ゾンタックチャイトン」のインタビューで、「ロシアとカタールが票を買収してW杯招致権を得たという証拠が出てくれば、W杯開催地の選定を取り消すこともある」と述べた。スイス司法当局はすでにロシア・カタールのW杯招致過程を捜査している[178]。

FIFA調査報告書を公開

　2017年6月、FIFAは2018年ロシア大会と2022年カタール大会における不正招致疑惑の報告書を公開した。報告書では、投票権を持つ人物への数々の働きかけが明らかにされたが、ロシアまたはカタールがトーナメントを開催する権利を失うべきとは書かれていない。430ページにおよぶ報告書は、2014年11月にFIFA倫理委員会によってまとめられた。ドイツメディアに漏えいされたのを受け、FIFAが全文公開を決めた。2大会の開催地は、2010年12月にチューリッヒで行われた投票によって決まった。その投票を行った22人に影響を与えるための不正な試みがあったとの疑惑が次々浮上したため、調査された。この2大会に対する透明性の欠如は、多くのFIFA幹部への告発とFIFA会長の退陣につながった[179]。

3. カタール、W杯で欧米主要国との外交大勝利

　不正誘致疑惑でFIFAは大混乱に陥ったとはいえ、結果的にカタールが22年大会を射止めた。史上最高額の2200億ドル（約30兆円）をかけた2022年W杯カタール大会の費用は前回2018年のロシア大会の約20倍と言われる。8万人収容のルサイルスタジアムで開かれる閉会式にはバイデン大統領代表団も出席した。カタールが労働者の権利拡大、労働法の施行、人身売買撲滅に向け前進していることに米国がお墨付きを与えたことを意味する。人権問題に厳しい欧州も背に腹は代えられない。ウクライナ戦争でロシア産エネルギーからの脱却を進めるため、欧州はアフリカの天然ガス開発に拍車

---

[178] 2015/06/09 中央日報「FIFA「ロシア・カタールW杯、票買収の証拠が出れば剥奪も」」
[179] 2017/06/28 Reuters「サッカー＝FIFA、W杯招致不正疑惑の報告書を公開」2024年5月3日アクセス https://www.reuters.com/article/idUSKBN19J0AG/

をかける。カタールは世界一、二を争う液化天然ガス（LNG）輸出国で、輸出先の8割は韓国、インド、中国、日本などのアジア諸国だが、パイプラインと違って持ち運びできるカタールのLNGに欧州も熱い視線を注ぐ。ドイツのナンシー・フェーザー内相（社会民主党）は日本対ドイツ戦をスタジアムで観戦し、FIFAのジャンニ・インファンティーノ会長の隣でLGBTQ（性的少数者）や人権への寛容を象徴する「ワン・ラブ」腕章を着けた。しかし大会をボイコットしなかったことがドイツの苦しいエネルギー事情を物語る。フランスのマクロン大統領も準決勝のフランス対モロッコ戦を観戦し、カタールのW杯を支援した。EU欧州議会のエヴァ・カイリ副議長（ギリシャ選出）ら4人が起訴された汚職スキャンダルもカタールのロビー攻勢の激しさを浮き彫りにした。**米欧はロシアと中国との対立が激化するため、カタールを西側陣営に入れておくことが必須**となった。カタールW杯は巨額のガスマネーに物を言わせた湾岸地域の小国カタールの外交的大勝利となった[180]。

EU副議長ら逮捕、W杯巡りカタールから金銭授受か

　2022年12月、欧州議会の副議長らがW杯に関連する汚職に絡んで逮捕された。カタールがEUの有力者らに金品を渡したとみられる。欧州議会を舞台とした前代未聞のスキャンダルである。欧州議会のエバ・カイリ副議長らがベルギー捜査当局に逮捕された。カイリ氏はギリシャ出身の元テレビ司会者で、14人いる副議長の一人である。ブリュッセルを中心に10ヶ所以上を捜索した結果、当局は現金約60万ユーロ（約8600万円）を押収した。欧州議会のメツォラ議長は10日、現時点ではコメントできないとする一方、「捜査当局に全面的に協力する」とツイッターに投稿した。欧州議会はカイリ氏の副議長職の任務を停止した。同氏が所属する欧州議会の会派、欧州社会・進歩連盟（S&D）は党員資格を一時停止した。ベルギー捜査当局は「湾岸諸国」に関連する疑惑として国名を名指ししていないが、カタールのW杯に絡む汚職事件とみられている。ベルギー紙ルソワールによると、カイリ氏の自宅で現金のほか、カタールからとみられる贈答品が見つかった。カタールはマイナス面のイメージを払拭するために、欧州議会の

---

[180] 2022/12/17 ニューズウィーク日本版オフィシャルサイト「人権問題に目をつむり、W杯に賛辞...小国カタールに、なぜ欧米はここまで「甘い」?」

有力者らに金品などを提供し、EU での意思決定に影響を及ぼそうとしていた疑いを向けられている[181]。

4. LGBTQ 差別問題
欧州諸国、カタールの LGBTQ 差別を批判

　カタール W 杯に関するもう一つの問題は LGBTQ（性的少数者）差別である。欧州のメディアは LGBTQ に対する差別的対応などカタールの人権状況を巡って痛烈に批判した。イスラム教の価値観を重視するカタールのメディアは強く反発した。英メディアは開幕後の 2022 年 11 月 23 日に同大会を「奴隷の血の上に築かれた」と痛烈に非難し、カタールでの人権状況に失望した「一部の英国サポーターの大会への関心を低下させた」とした。英国では政治的に大会をボイコットする動きも出た。最大野党・労働党のスターマー党首は開幕前、イングランドが決勝に進んでも人権問題があるので大会に行かないと明言した。英メディアによると、世論調査では 69% がスターマー氏の考えを正しいと回答した。ドイツではフェーザー内相が 10 月 27 日に放送されたドイツ公共放送 ARD の番組で、「主要なスポーツ大会開催と人権を守ることは結びつけられるべきだ」と述べた。これを受け、ドイツ公共放送ドイチェ・ウェレ（電子版）は翌 24 日、「各国が FIFA を脱退する時がきた」と強調した。EU 欧州議会も、カタールの人権状況や FIFA の腐敗を非難する決議を賛成多数で採択した。LGBTQ への批判的な姿勢や飲酒制限はイスラム教の価値観に基づくもので、聖典コーランにも同性愛や飲酒を戒める文言がある。カタールのアラビア語紙アッシャルク（電子版）は 11 月 20 日、「この国に同性愛の権利を認めるよう求めることには首をかしげる。彼ら（欧米などからの観客）が試合会場に来るのはよいが、この国の法律を犯す権利はない。他の人々と同様に法を敬い、従うべき」とする論評を掲載した。性的少数者に厳しいのは、カタールを含めたペルシャ湾岸 6 ヶ国にほぼ共通した傾向である。信仰に熱心であることを示して体制の求心力を高める目的もあるのだろう[182]。

---

[181] 2022/12/13 日経速報ニュースアーカイブ「欧州議会副議長ら逮捕　W杯巡りカタールから金銭授受か」
[182] 2022/12/05 産経新聞　東京朝刊 7 頁「【世界の論点】W杯を巡る人権批判」

ベッカムがカタール W 杯の PR として 23 億円で契約

　2021 年 10 月、元イングランド代表のデビッド・ベッカム（当時 46 歳）がカタール W 杯の PR として活動することになると英メディア「The Sun」が伝えた。今後 10 年間、カタールのアンバサダーとして年間 150 万ポンド（約 23 億円）相当の大型契約にサインした。カタールは人権問題に直面しており、特に女性や LGBTQ について大きな論争になっている。ベッカムはファンが安全で、LBGTQ のシンボルであるレインボーフラッグを掲げることを許されると確信、カタール政府内で女性の存在が増していることも知らされたという[183]。PR を引き受け、巨額の契約金を受けたためベッカムは批判を浴びた。批判の内容は LGTBQ や女性、外国人差別のある国の PR を務めることについてである[184]。

5. まとめ

　本編では、カタール W 杯の不正誘致疑惑を考察し、次の点を明らかにした。

　第 1 に、カタールは W 杯の開催国を決定する権限のある人物ら、さらにサルコジ仏大統領（当時）などの要人と会見した。つまりカタールは要人に接触し、贈賄し、有利になるよう取り計らってもらった可能性がある。

　第 2 に、国際的に LGBTQ 差別撤廃の流れの中、カタールはイスラム法の下、同性愛は禁止されているので、欧米から批判を受けた。同時に PR に就任し、巨額報酬を受け取ったベッカムも批判された。

　豊富な地下資源を擁する「運の良さも実力」と考えると、カタールの外交戦略と言えなくもない。主要先進国のトップクラスのエリートに産油国からオイルマネーが流れ、産油国は便宜を図ってもらい W 杯開催、一方で途上国の貧困層が夢を求めて出稼ぎに行くも低賃金で奴隷働きさせられ、一部の人は過酷な労働で命を落とす。カタール W 杯は、世界のトップ層と貧困層が同時に登場人物となり、注目された。

　今後もカタールのスポーツ立国がどう進展するのか研究を続ける。

---

[183] 2021 年 10 月 24 日刊スポーツ「ベッカム氏、W 杯カタール大会の顔で活動　今後 10 年 23 億円超で契約」2024 年 7 月 25 日アクセス
https://www.nikkansports.com/soccer/world/news/202110240000331.html#goog_rewarded
[184] 2022/06/01 日本テレビニュース「ベッカムの、ゲイを告白した選手へのサポートが「偽善」と非難される　同性愛を禁じるカタールの PR で年間約 24 億の契約」

短編 4　バーレーン・ディズニーランド計画

1. はじめに

　本章では、バーレーンに計画されたバーレーン・ディズニーランド計画の経緯について考察する。バーレーン・ディズニーランド（以降バーレーン・ディズニー）は 2014 年 2 月に建設中と報じられた。バーレーン・ディズニーは日本で報道されていないため、中東のメディアの英語サイトのみを情報源とする。

バーレーン王国の概要

　バーレーン王国[185]（Kingdom of Bahrain）は面積 786.5km^2（2023 年バーレーン政府情報・電子政府庁）、人口 157.7 万人、うちバーレーン人 72.6 万人（46%）（2023 年 6 月情報・電子政府庁）、首都マナーマ、民族アラブ人、言語アラビア語、宗教イスラム教である。古代バビロニア、アッシリア時代にはディルムーンという名の有力な貿易中継地で、BC3 世紀から 15 世紀にかけて真珠の産地として栄えた。18 世紀にアラビア半島から移住したハリーファ家がバーレーンの基礎を作り、1932 年に石油の生産を開始、その後近代化を進め、1971 年 8 月英国から独立した。

政治体制　立憲君主制で、元首はハマド・ビン・イーサ・アール・ハリーファ国王。ハマド国王（1999 年即位）の下、サルマン皇太子兼首相を中心とした国家運営。2002 年に憲法改正し、体制をそれまでの首長制から王制に変更し、国名を「バーレーン王国」と定め、二院制の国民議会設置や**男女の権利平等**を定めた。

外交　GCC の一員としてサウジアラビアをはじめとした他の GCC 諸国との善隣友好協力関係の維持強化を軸としつつ、アラブ諸国、非同盟諸国との協力を基本方針とする。**米国**との関係強化に意を用いており、また歴史的背景から**英国**との関係も深い。2006 年米国と自由貿易協定（FTA）を締結。国防費 14 億ドル（2024 年ミリタリーバランス）。

経済　主要産業は石油精製、石油化学、アルミニウム精錬、金融サービス。<u>石油生産が少ない</u>（サウジとの共同油田より約 15 万バーレル及び国内陸上油田より約 4 万バーレ

---

[185] 外務省「バーレーン王国」2024 年 7 月 25 日アクセス
https://www.mofa.go.jp/mofaj/area/bahrain/data.html

ル）ため、石油精製、アルミ精錬を始めとした工業化推進による産業の多角化を推進している。実質GDP347億ドル、一人当たり実質GDP約21,982ドル、経済成長率2.4%、歳入34.9億バーレーン・ディナール（約92.5億ドル）、歳出36.7億バーレーン・ディナール（約97.3億ドル）、失業率6.3%（2023年バーレーン労働省発表）である。石油関連輸出124.1億ドル（含サウジとの共同油田分）、非石油関連輸出124.1億ドル、石油関連輸入64.8億ドル、非石油関連輸入138.2億ドルである。主要輸出品目は石油関連製品、アルミニウム製品、鉄鋼材、尿素、主要輸入品目は原油（精製用）、自動車、電気製品、アルミ原料、鉄鉱石、プラント用機械である。

観光業　バーレーンは2004年に中東初の**F1グランプリ**を誘致するなど、観光業に力を入れており、2022年に最新鋭の空港や大規模国際催事場等が完成した。

二国間関係　1971年、バーレーンの独立を承認。1972年に外交関係を樹立し、1983年に大使館を開設。経済分野を中心に良好。日本の援助実績は、有償資金協力（2006年度まで）なし、無償資金協力（2006年度まで）0.61億円、技術協力実績（2021年度まで）13.68億円である。2008年にODAを卒業した。

2. バーレーン・ディズニーランド計画の経緯

　2007年2月6日のBBCニュース（オンライン）によると、サウジの投資家<u>アルワリード王子</u>（第7章）が他の投資家と**80億ドル**の事業計画でバーレーンにディズニーランド建設を提案したと地域の新聞、アル・ワクト新聞（al-Waqt）が報道した。同王子は地域に巨額の富をもたらそうと考えた。クウェート・ファイナンス・ハウス（Kuwait Finance House）という地域で二番手のイスラム系銀行がこの情報をその新聞に語った。しかしながら、その後その銀行はコメントせず、同王子もコメントできないとした。これは同王子のディズニーランド事業への最初の進出ではない。同王子は、ユーロディズニーの株式10%を保有する。また王子は2006年に中東とアフリカのディズニー・マーチャンダイズと契約を結んだ[186]。このように報道された翌日（2007年2月7日）、米ディズニー社はこの報道を否定した、と日経新聞が報じた[187]。

---

[186] 2007/02/06 BBC NEWS「Disney park 'to open in Bahrain'」2013年11月23日アクセス　http://news.bbc.co.uk/2/hi/business/6335887.stm
[187] 2007/02/07 日本経済新聞　夕刊3頁「米ウォルト・ディズニー、テーマパーク報道を否

その２年後の2009年8月、総工費5030万ドル（約50億円）の小型のディズニーランドがバーレーンに建設開始された。バーレーン・ディズニーランド計画はムハラク[188]（Muharraq）では小型電車、国内最大の鉄道建設などが計画されたものの、6ヶ月遅れていた。ガルフ・デイリーニュース（Gulf Daily News）によると、**クウェート**企業のサラ・アル・ルメイグループ（Salah Al Rumaih Group）は、2009年7月のムハラク複合会議で最終提案が可決されると建設開始した。会議の会長ムハンマド・ハマダ（Mohammed Hamada）は200の仕事を生むとコメントした。ムハンマド・ハマダ氏は投資家に建設開始か計画中止かの二択を迫った。同氏は、GCCインベスターは賢い選択をしたとコメントした。そこに中東で最大手のボウリング場（45レーン）を擁する。他の施設は女性用の健康センター、医療施設、レストラン、コーヒーショップ、ホテル、多目的ホール、駐車場などである[189]。

　この計画はバーレーンの公園であるグランド・ムハラクガーデンを小型ディズニーランドにすることである。トレード・アラビア・ニュース・サービス（Trade Arabia News Service）の報道によると、2年前の2010年に議会で廃止されたバーレーン・ディズニー計画が進行中だった。議会はグランド・ムハラク・ガーデンの詳細な調査を支援し、地域の投資家にこの計画に入札するよう推奨していた。議会はバーレーン国王のハマド王陛下に由来した名前を付け直すよう要請した[190]。

　2012年5月24日、バーレーンの投資家フォウアド・シュヴァイター（Fouad Shuwaitar）が6380万ドル（約64億万円）で小型のディズニーランドをムハラクに建設する契約を締結した、とバーレーン高官が発表した。トレード・アラビア新聞（Trade Arabia newspaper）はグランド・ムハラク・ガーデン計画の詳細を伝えた。ムハラク議会の会長アブドゥルナセール・アルマメード（Abdulnasser al-Mahmeed）氏は、豪華

定（ダイジェスト）」
[188] ムハラク：1923年までバーレーンの首都。市内にバーレーン国際空港がある。
[189] 2009/08/09 Arabian business.com「Work begins on Bahrain's $50.3m mini Disneyland」2024年8月9日アクセス http://www.arabianbusiness.com/work-begins-on-bahrain-s-50-3m-mini-disneyland-15083.html
[190] 2012/04/23 CONSTRUCTION WEEK ONLINE.com "Mini Disneyland project" in Bahrain back on cards」2013年11月23日アクセス
http://www.constructionweekonline.com/article-16584-mini-disneyland-project-in-bahrain-back-on-cards/

なテーマパークに小型ディズニーランド、新型の乗り物、ボウリング場、ハイテクゲームセンター、国際色豊かなレストラン街、2つの健康センター（男性用・女性用）ができるとコメントした。トレード・アラビアはこの計画に中東最大の 45 レーンのボウリング場、医療センター、レストラン街、コーヒーショップ、ホテルがあり、緊急事態に備えてテーマパークに独自の救急車とヘリコプターを常備すると報じた[191]。中東メディアの英語版ではここまでしか報道されていない。日本のメディアでは報道されていない。

3. まとめ

　本編では、中東のバーレーン・ディズニーの計画について考察した。

　バーレーン・ディズニー計画はバーレーンの旧首都ムハラクのグランド・ムハラク・ガーデンという公園に小型のディズニーランドを建設することである。クウェート企業のサラ・アル・ルメイグループが建設する。2007 年の報道では、サウジアラビアのアルワリード王子が出資してバーレーンにディズニーランドを建設すると報道されたが、アメリカの米ディズニー社はそれを否定した。

　アルワリード王子は 1994 年のユーロディズニーランドの経営危機に約 224 億円を投じたことからディズニーに強力なコネがあるので、同王子が出資するなら事実だと筆者は思った。これがフェイクニュースではないことを祈る。

　2022 年 11 月に**マレーシア**のマラッカに**ディズニーランド**が計画され、総工費約 20 億リンギット（約 **640 億円**）で、2027 年に開業するという報道があった[192]。この記事の下に「Update：ディズニー公式のスポークスマンは否定した」と書かれている。つまりフェイクニュースの可能性がある。ディズニーとユニバーサル・スタジオは世界的に大きく注目されているため、フェイクニュースのリスクがある。

---

[191] 2012/05/26 UPI beta「Bahrain to build a Disneyland」2013 年 11 月 23 日アクセス
http://www.upi.com/Business_News/2012/05/26/Bahrain-to-build-a-Disneyland/UPI-15771338047901/
[192] 2022/11/17 Yahoo Life Malaysia, Malaysia to have its own Disneyland theme park in Malacca by 2027- is it true?, 2024 年 3 月 28 日アクセス
https://sg.style.yahoo.com/malaysia-own-disneyland-theme-park-020014726.html?guccounter=1&guce_referrer=aHR0cHM6Ly93d3cuZ29vZ2xlLmNvbS8&guce_referrer_sig=AQAAAFAb8jNe1Eltn5hj8xXv9rjxyJBNmmkxjvJBPJVq9JqxJngUz5EXadt9LWcZ5zkpZshibjKXFmZQCUX4tsVdADsD6bQOEu_x8YiMBPSYFE31yW6GSYTDGIgdnULqXA5yHyHWfCXVfvaeCFkc0n20ugGVqsEd1QSmP6tlTLvRputA

短編 5 ヨルダンのスタートレックのテーマパーク計画

1. はじめに

ヨルダンに人気映画『スタートレック』のテーマパークが計画された。本編では、ヨルダンのスタートレックのテーマパーク計画の経緯を考察する。

ヨルダンの概要

ヨルダン[193]（Jordan）は面積 8.9 万 km^2（日本の約 4 分の 1）、人口 1,128.6 万人（2022 年世銀）、首都アンマン、言語アラビア語（英語も通用）、宗教イスラム教 93%、キリスト教等 7% である。

略史 7 世紀からイスラム諸王朝の支配を受け、16 世紀からオスマントルコの支配。1919 年、英の委任統治領となり、1923 年、トランスヨルダン首長国建国、1946 年、独立、1950 年、ヨルダン・ハシェミット王国と改称。

政治体制 立憲（世襲）君主制、元首は国王アブドラ 2 世・イブン・アル・フセイン国王陛下（1999 年即位）。議会は二院制。人口の約 7 割以上を占めるといわれるパレスチナ系住民（難民を含む）を抱え、シリア危機以降に約 140 万人のシリア難民が流入。新型コロナウィルス流行やウクライナ情勢悪化の中、エネルギーを含む物価の高騰、高い失業率・貧困率等、国内の不安定要因を除去すること及び安定的な経済発展の達成を図ることが内政の基本。2011 年 1 月以降、政権の汚職、高失業率、地方格差等を背景として、政治・経済改革を求める抗議行動が国内各地で継続的に発生した。国王の指導の下、諸改革に取り組み、2011 年 10 月には改正憲法発効。

外交 中東地域の**穏健**勢力としてアラブ・イスラム諸国との協調、全方位等距離外交の推進を基調。和平プロセスに前向きであり、1994 年 10 月イスラエルとの平和条約に署名し、同年 11 月外交関係を樹立。国防費 21.7 億ドル（ミリタリーバランス 2022）。

主要産業 製造業、運輸・通信業、金融業、観光業で、GDP（名目）474 億米ドル、一人当たり GDP4204 米ドル、経済成長率 2.5%、物価上昇率 4.2%、失業率 17.9%（2022

---

[193] 外務省「ヨルダン基礎データ」2024 年 3 月 28 日アクセス
https://www.mofa.go.jp/mofaj/area/jordan/data.html

年世銀）である。総貿易額は輸出 123 億ドル、輸入 272 億ドル（2022 年 UNCTAD）である。貿易品目は、輸出は衣料品、化学肥料、燐鉱石、医薬品、輸入は食料、原油、自動車・車両、金、機械類、電気機器である。貿易相手国は、輸出は米国、インド、サウジアラビア、イラク、輸入はサウジアラビア、中国、UAE、米国、ドイツ（2021 年 WITS）である。対外公的債務残高 418 億ドル（2021 年世銀）である。

経済　1990 年代以来 IMF と協調して進めてきた経済構造改革プログラム（2004 年終了）を通じたマクロ経済・財政運営面での改革の成果等により、平均で 7％を超える高い成長を実現していたが、2008 年のリーマンショック、2011 年以降のシリア危機（シリア難民の受け入れ）の影響を受け、経済成長は鈍化した。都市・地方間の所得格差、高い貧困率・失業率である。2020 年以降の新型コロナウイルス感染拡大や 2022 年からのウクライナ情勢、2023 年からのガザ情勢悪化の影響を受け、経済・財政状況は悪化。

二国間関係　日本と 1954 年に国交樹立。日本は 1974 年大使館を設置した。皇室・王室間の伝統的友好関係を含め、極めて良好な関係を維持している。アブドッラー国王陛下は 15 回の訪日歴を有する**親日家**である。

文化関係　文化無償資金協力実績が約 15.4 億円（23 件）である。ヨルダンでは日本のアニメ、マンガが若者を中心に絶大な人気を集めている。武道、日本食、伝統芸能を中心に日本文化への関心が高い。日本文化紹介事業、日本語弁論大会を実施するなど、活発な文化交流事業を展開している。

2. ヨルダンの経済危機

　ヨルダンは天然資源に恵まれず、**観光以外で外貨を獲得できる産業はほとんどない**。ヨルダンは世界で最も水資源の少ない国の一つである。ヨルダンは<u>天然資源に乏しく、エネルギーの 95％以上を輸入に頼る</u>。ヨルダンの 1 人あたり GNI（国民総所得）は 3980 米ドル（約 39.8 万円：2017 年世銀）で、世界銀行の基準で低位中所得国に分類される。ヨルダンに際立った産業や輸出製品は無いが、ヨルダン政府は国内のペトラ遺跡や死海、ワディラム砂漠、ジェラシュ遺跡などの観光資源を活かした観光産業に力を入れている。約 79 万人のヨルダン人が湾岸諸国を中心とする外国で働いているとされており、**GDP**

の 10%以上を占める海外送金が国際収支を支える。2010 年代のアラブの春やシリア内戦、IS（イスラム国）台頭で観光産業が大打撃を受け外貨収入が激減した[194]。

3. 1500 億円で「スタートレック」のテーマパーク計画

2011 年 9 月、人気 SF テレビ番組『スタートレック』のテーマパークを中心とした大型リゾート施設「紅海アストラリウム」がヨルダン南部アカバに計画された。総工費 15 億ドル（約 1500 億円）超で、スタートレックの大ファンという同国のアブドラ国王肝いりのプロジェクトである。ヨルダンのエンターテイメント企業、ルビコン・グループ・ホールディングによると、テーマパークは 2009 年製作の劇場映画をモチーフに、スタートレックに登場する「23 世紀の世界」を体験できる。計画には CBS テレビやパラマウントの関連会社も参加する。総面積約 74ha、2012 年着工、2014 年完成の予定である[195]。しかし 2024 年現在、ヨルダンにそのようなテーマパークは無いようである。

4. キッザニア風のレジャー施設にピカチュウ

筆者はキッザニアがサウジアラビアのジェッダ、カタールのドーハ、ドバイ、アブダビにオープンしたことを知り、他にもないか探し、ヨルダンのアンマン郊外に「Kidizonia Jordan」（キディゾアニア・ヨルダン）というレジャー施設を発見した。同施設に公式 HP は無いが、公式 Facebook[196]と公式 Instagram[197]がある。その公式 Facebook に同施設の住所は「Al Tazaj Restaurant, Wasfi Al Tal St 45, 11196」と書いてあるため、その住所で検索すると、商業施設にレストラン街とこのレジャー施設があるようだ。同施設の Facebook と Instagram には写真と動画が豊富に掲載されている。そこでは子供たちが楽しそうに遊んでいる。Facebook のトップページには日本の「ポケットモンスター」の人気キャラクター「ピカチュウ」に酷似したキャラクターの着ぐ

---

[194] JICA（国際協力機構）「ヨルダン国事情」2021 年 3 月 30 日アクセス
https://www.jica.go.jp/jordan/office/others/situation.html
[195] 2011/09/02 東奥日報　夕刊 5 頁「「スタートレック」テーマパーク計画／ヨルダン、来年着工」
[196] Kidizonia Jordan Facebook, 2024 年 4 月 27 日アクセス
https://www.facebook.com/kidizonia.Jo/
[197] Kidizonia Jordan Instagram, 2024 年 4 月 27 日アクセス
https://www.instagram.com/kidizonia.jo/

るみが子供たちと一緒に写っている。同施設のシンボルマークは米映画制作会社ドリームワークスの人気アニメ『マダガスカル』になんとなく似ている。ユニバーサル・スタジオ・シンガポールに『マダガスカル』のアトラクションがあり、それにやや似ている。

5. まとめ

　本編では、ヨルダンのテーマパーク計画の経緯を考察し、次の点を明らかにした。

　第1に、ヨルダンは中東にあるので裕福な産油国かと思っていたが、天然資源も水資源も乏しいことが分かった。ヨルダンのGDPの約10％が国外での出稼ぎ労働者の送金である。ヨルダンには観光以外に外貨を安定して稼ぐ産業がない。

　第2に、国王が外国人観光客を誘致して外貨を獲得しようと、スタートレックのテーマパークを計画したものの実行されなかったようだ。テーマパークはそのくらい着工に至るまでの難易度が高い。国王がテーマパークを計画したとしても着工に至るのは難しい。開業にこぎつけても、計画よりも客が少なく、客単価が低く、経営難に陥り閉鎖されるケースが多い。

　第3に、キッザニア（Kidzania）ならぬキディゾアニア（Kidizonia）があり、ピカチュウに酷似した着ぐるみの写真が公式Facebookのトップページに載っている。中東の裕福な資源国は正規の契約ができるが、資源に乏しい国は先進国と契約する資金力はないのだろう。そのため中東のレジャー開発は先進国のヒット作の類似品や海賊版を無許可でつくる<u>中国</u>のような戦法を取るのかもしれない。前著（2023a）「中国編」で、北京郊外にディズニーランドやドラえもんなどを模倣したパクリテーマパーク「石景山遊楽園」について研究した。その際、「中国人はパクリを悪いことと思っていない。先進国の製品やキャラクターは高額すぎて買えない。正規ルートでロイヤリティを払うと先進国が得をする」などの理由から無許可で模倣すると分かった。中東の資金力の乏しい国は、正規ルートで先進国と契約する資金力はないので、中国のように模倣が横行するようになるかも知れない。

　ヨルダンの国王が親日家で、なおかつヨルダンでは若者を中心に日本のアニメ等のコンテンツが人気とは光栄である。また自国の経済が苦しい中、シリア難民の受け入れなど素晴らしい政策をとっている。日本が難民を受け入れないことが国際的に批判されている理由が分かった。

短編6
パレスチナで英画家バンクシーのコンセプトホテル

1. はじめに

　本編では、イギリスの覆面画家バンクシー[198]（Banksy）のパレスチナのコンセプトホテルを考察する。バンクシーは中東のパレスチナでコンセプトホテルをつくり人気を博した。バンクシーは政治思想を持つ画家かつ政治活動家で、風刺作品を通して平和を訴えている。このコンセプトホテルはテーマパークではないが、テーマのあるホテルで、集客施設として成功しているので本書の対象とする。

　バンクシーは 2015 年にディズニーランドのパロディ「ディズマランド（Dismal + Land）」をイギリスに期間限定で開業し、大好評を博したことについて、前著（2023b）「ヨーロッパ編」の第 7 章に詳しく書いた。

パレスチナの概要

　パレスチナ[199]（Palestine）は面積約 6020km²（西岸地区 5655km²、ガザ地区 365km²）、人口約 548 万人（2023 年パレスチナ中央統計局（PCBS）：西岸地区約 325 万人、ガザ地区約 222 万人）、**パレスチナ難民約 639 万人**（2021 年 UNRWA、西岸 108 万人、ガザ 164 万人、ヨルダン 246 万人、シリア 65 万人、レバノン 54 万人）である。パレスチナ自治政府所在地ラマッラ（西岸地区）、民族アラブ人、言語アラビア語、宗教イスラム教（92%）、キリスト教（7%）、その他（1%）である。

略史　1947 年、国連総会はパレスチナをアラブ国家と**ユダヤ**国家に分裂する決議を採択。イスラエルは 1948 年独立を宣言、1967 年第三次中東戦争によりイスラエルが西岸・ガザを占領。1993 年のオスロ合意等に基づき、1995 年からパレスチナ自治政府が西岸及びガザで自治を実施。2004 年 11 月、パレスチナ解放機構（PLO）の**アラファト議長死去**。2005 年 1 月の大統領選挙でアッバース首相（当時）が大統領就任。2006 年 1 月の立法評議会選挙でハマスが過半数の議席を獲得。2007 年 3 月、サウジアラビア

---

[198] Banksy Official Site, 2021 年 5 月 5 日アクセス https://www.banksy.co.uk/menu.asp
[199] 外務省「パレスチナ」2024 年 7 月 25 日アクセス
https://www.mofa.go.jp/mofaj/area/plo/data.html

の仲介でパレスチナ諸派間の挙国一致内閣が成立したが、同年6月、ハマスは武力でガザ地区を掌握。2012年11月、パレスチナは国連の非加盟オブザーバー国家の地位獲得に係る国連総会決議案を提出し採択（日本は賛成）。

政治体制 大統領はマフムード・アッバース（PLO議長を兼任）、パレスチナ立法評議会（PLC、132名）。2023年10月7日、ハマス等パレスチナ武装勢力がガザ地区からイスラエルに数千発のロケット弾を発射。さらに1500名規模がイスラエル側検問・境界を破って、イスラエル軍兵士の他、外国人を含む市民を殺害・誘拐。これを受け、イスラエル国防軍がガザ地区において軍事作戦を実施。

産業 農・漁業（6.5%）、鉱工業・電気・水（12.1%）、建設業（4.7%）、小売業・貿易（18.3%）、金融・保険（4.5%）、公共・防衛（12.4%）、サービス業（20.4%）、運輸業（1.6%）、情報・通信（3.4%）、家事サービス（0.1%）（2021年）、名目GDP約188億ドル、1人当たりGDP約3517ドル、実質GDP成長率4%、物価上昇率5.694%、失業率25.69%（2022年IMF推定）である。輸出総額約10.18億ドル、輸入総額約45.22億ドル（2021年、PCBS）、主要輸出品目はセメント、石灰岩、オリーブなど、主要輸入品目は石油・石油製品、穀物、非金属鉱物製品などである。貿易相手国はイスラエル（輸出の約80%、輸入の約55%）、独自の通貨は無く、イスラエル・シェケルを使用している。

経済概況 1967年以降、イスラエルの占領下にあった西岸・ガザ地域は、同地域境界をイスラエルが管理していたことから他国との通商は困難で、**イスラエル経済への依存**が進み、パレスチナの経済関連団体や金融機関は未発達なまま経済的自立性が失われた。1993年以降の和平の進展に伴い、ドナー国・国際機関による対パレスチナ経済支援が進むが、2000年9月末以来、イスラエル・パレスチナ間の衝突及びそれに伴うイスラエルによる自治区封鎖、移動制限等により、経済発展は進んでいない。実質経済成長率は2011年まで二桁台が続くも、2013年に全体で2.8%と大幅に低下、2014年に**ガザ紛争と経済封鎖**により、-0.4%と2006年以来初めてのマイナス成長となった。高い人口増加率のため一人あたりGDPは停滞気味で、十分な雇用を生んでいない。特にガザの失業率は45%以上。

主要援助国 ドイツ、米国、UAE、日本、EC、スイス、トルコ、カナダ、スウェーデン、イタリア等（2022年、OCHA-FTS）。

パレスチナ難民とは

1948年、イスラエルの建国宣言に反対して第1次中東戦争が勃発し、200以上の村が破壊され、70万人以上のパレスチナ人が故郷と家を失った。これをパレスチナでは「ナクバ」（破局）という。周辺諸国に逃れたパレスチナ人は故郷への帰還を切望しながら、70年以上難民として生活している。当初70万人だった難民は、避難先で三世代、四世代となり、約560万人に達して世界で最も大きな難民グループとなっている。

UNHCR（国連高等難民弁務官事務所）が発表した世界の難民総数は約2590万人なので、難民の5人に1人がパレスチナ難民である（2021年）。一般的に世界の難民はUNHCRの管理下にあるが、パレスチナ難民の発生はUNHCRができるより前なので、UNRWA（国連パレスチナ難民救済事業機関）の管理下におかれる。また「国連難民条約」の適用を受けられないため「保護」されることが少なく、軍事的な脅威にさらされやすい。これまでに故郷に戻ったパレスチナ難民はほとんどいない。周辺国に逃れたパレスチナ難民の多くは**無国籍**で、**難民キャンプ**で暮らしている。一時的なものとして造られた簡易な難民キャンプは、無理な増築と老朽化で劣悪な環境になり、人口密度が高く、電気や水道などのインフラも不十分である。国によるが、難民は貧困に陥り、差別を受け、市民権を得られず、就業制限される。義務教育と一次医療は国連が提供するが、予算は年々縮小され、支援が行き届かない状況になっている[200]。

2. ベツレヘムにバンクシーの「世界一眺めの悪いホテル」

2017年3月、「世界一眺めの悪いホテル」として「ザ・ウォールド・オフ・ホテル（The Walled Off Hotel：壁に囲まれたホテル）」がパレスチナ自治区ベツレヘム（**イエス・キリスト生誕の地**）にオープンし、人気を博していた。全9室の窓からの眺望はパレスチナ人を隔離するためイスラエルが建設した分離壁に遮られ、客室に直射日光が入るのは1日25分だけである。同月、東京読売新聞の記者がホテルを予約しようとしたら、向こう1ヶ月間予約で満室だった。人気の理由は、ホテルに出資したバンクシーの絵である。ホテルにはイスラエルの占領を風刺したバンクシーの絵画があふれる。こ

---

[200] 特定非営利活動法人（認定NPO法人）パレスチナ子どものキャンペーン「「パレスチナ難民」の状況」2024年7月25日アクセス https://ccp-ngo.jp/palestine/refgees-information/

の頃、バンクシーは**芸術テロリスト**と呼ばれるようになっていた。その記者は1ヶ月待ってベツレヘムへ行った。記者はパレスチナ自治区の出入口でイスラエルによる検問を受けた。高さ約8メートルの壁をくぐると、街はアラビア文字であふれ、景色は一変した。検問所から500メートルほど進むと同ホテルの看板が見えた。ホテル前に分離壁がそびえ立つ。ロビーに入ると酸素マスクを付けた天使の絵など風刺の利いた作品が並んでいた。標準タイプの部屋は1泊265ドル（約3万円）である。チェックインし、3階の部屋に入ると、薄暗い室内の壁にイスラエル兵とパレスチナ人が枕を投げ合うバンクシーの作品が飾られている。窓から分離壁や監視塔が見える。分離壁に描かれたトランプ米大統領の巨大な風刺画も見える。ロビーに下りると、朝から観光客で賑わっていた。2002年にイスラエルが分離壁の建設を始めた。第3次中東戦争（1967年）でイスラエルがヨルダン川西岸などを占領し、反発したパレスチナ人による自爆テロが相次いだため、テロ防止が理由である。その後も建設が続き、総延長は約450キロとベルリンの壁（約160キロ）を上回る。地元の人は「このホテルができたおかげで観光客が増え、街が活気づいた」と言う。観光客は「一歩街に出るとイスラエルの圧倒的な軍事力の下、窮屈な生活を強いられているアラブ人の姿にショックを受けた」と言う。ホテルのマネジャーは「バンクシーは占領や分離壁を憎んでいる。この現実を多くの人に知ってもらうことが大切」「周辺の分離壁には世界のグラフィティアーティストが競うように描いている」と述べた。バンクシー作品は、防弾チョッキを着たハトやイスラエル兵をボディーチェックする少女、石の代わりに花束を投げようとするパレスチナ青年などである。イスラエルに対する風刺だけでなく、闘争を続けるパレスチナにもメッセージを投げかけている[201]。

3. バンクシーの「制度批判アート」

　バンクシーはアメリカ文化の玄関口としてヒップホップやグラフィティアートが流入した英西部の港町ブリストルから活動を始めた。世界中でゲリラ的に出没し、型紙にスプレーを吹き付ける「ステンシル」という方法でグラフィティを壁などに描き、その

---

[201] 2017/12/20 東京読売新聞　夕刊5頁「［旅］ベツレヘム（パレスチナ自治区）「世界一眺めの悪いホテル」」

様子を公式HPで公開する。白黒のコントラストで描かれる作品は強いメッセージ性と分かりやすいポップさを持つ。バンクシーは世界で最も影響力のあるアーティストの1人となった。ストリートアートでのし上がったバンクシーは、2010年代に入り「悪ふざけ」とも言えるパフォーマンスやプロジェクトを越境し、賛否両論を巻き起こした。例えば、大英博物館の一室に壁画片のような作品を勝手に置いた。英国在住の美術ライター菅伸子氏は「アートを使って政治的なコメントをする活動家的な側面が強い」と言う。現代美術に詳しいアメリカの美術ライター藤森愛実氏は「制度批判のアート」は1970年代から存在するが、それらのアーティストはバックに画廊がついていたり、美術大学で教えたりすることも多かった。「その点、バンクシーは徹底してアート界のアウトサイドにいる。作品は可愛いのにチクリとした社会批判があり、アメリカでも大人気。支援者はたくさんいるのではないか」と述べた。バンクシー自身は姿を現さず、取材に応じることもほぼない。かつてバンクシーにインタビューした人に、後になって「あれはバンクシーを名乗る別人だった」と「代理人」が否定したことがあった[202]。

4. まとめ

本章では、バンクシーのパレスチナのコンセプトホテルを考察し、次の点を明らかにした。

第1に、パレスチナ自治区ベツレヘムでバンクシーの「世界一眺めの悪いホテル」ことザ・ウォールド・オフ・ホテルが人気を博した。新約聖書によると、ベツレヘムはイエス・キリスト生誕の地である。この街を選んだこと自体に意義がある。イギリス人のバンクシーは英国国教会（プロテスタント）の可能性がある。キリスト教の聖地で、戦争を批判し、平和を願ったのだろう。バンクシーの絵によってこのホテルの人気が出て、街が活気づき、地域振興につながった。地域振興につながる芸術家とは素晴らしい。自己満足の作品制作で終わらない。バンクシーは国際政治に詳しい博学な人で、なおかつ強い政治思想を持つ人だろう。

---

[202] 2018/10/16 朝日新聞　朝刊27頁「アートとは何か、バンクシーの謎かけ　1.5億円落札直後、シュレッダーで細断」

第 2 に、バンクシーは政治批判アートで政治活動家となり社会的価値を向上させた。制度批判のアートは 1970 年台からあるが、これらのアーティストはバックに画廊がついたり、美術大学で教えたりし、収入源がある。政治批判アートは経済的なバックがあってこそできる大胆な活動である。バンクシーはアメリカでも大人気なので、経済的な支援者がいるのではないか。

　本編の限界は、バンクシーがどのようにイスラエルのホテルの企画を通したのか、総工費いくらだったのか、売上高や利益率などすべて不明である。このホテルはどのように資金調達したのか。誰と誰が接触し、交渉し、ビジネスとして契約をまとめたのか。バンクシー自身がビジネスマンとしての要素が強く、資金調達し、契約をまとめている可能性もある。

　筆者は子供の頃から中東の紛争のニュースを見て心痛め、中東和平を願ってきたが、パレスチナについて詳しく調べることはなかった。テーマパークの研究を 20 年間続けてきて、初めて難民が 600 万人以上もいる国を研究対象とした。パレスチナは人口 548 万人の国なのに、パレスチナ難民が 639 万人もいる。テーマパークは平和な場所につくられる、平和の象徴だと言うことに気づいた。前著（2023b）「ヨーロッパ編」でテーマパークは裕福なエリアに集中して計画されていることを明らかにし、「テーマパークは富の象徴」と結論づけた。本編を通じてさらに結論づけたい。テーマパークは平和なエリアに作られる、**「平和の象徴」**であると。

短編7 パレスチナ自治区ガザ地区の悲劇のテーマパーク

1. はじめに
　本編では、パレスチナ自治区ガザ地区にあるテーマパークの経緯を考察する。筆者は20年間テーマパークの研究をしてきて、まさか紛争地帯のガザ地区にテーマパークがあると思わなかったので、調べることもなかった。前編で英画家バンクシーがパレスチナにコンセプトホテルをつくり、観光客誘致に成功したことを知り、パレスチナについて調べ、このテーマパークの存在を知った。

2. ガザ地区の悲劇のテーマパーク
イスラエルの占領が終わったらテーマパーク開業
　1995年9月、パレスチナ自治区ガザ地区にテーマパークができた。1994年5月にイスラエルの占領を脱したガザ地区は1995年春以降、様変わりした。占領時代は立ち入り禁止だった地中海沿いのビーチに新しいレストランやカフェが並び、国民は海水浴を楽しむようになった。失業率は依然50%以上で、社会基盤も劣悪だが、ビル、ホテルなどの建設ラッシュである。住民はサーカス、ベリーダンスなど新しい娯楽を楽しみ、自動車も増加した。**国際支援**で児童公園があちこちに作られた[203]。このテーマパークもその一つと推察できるが、テーマパーク名が書かれていないため、名称不明である。

ガザ地区唯一のテーマパークの経営者、再建訴え
　パレスチナで2000年秋に始まったインティファーダ（反イスラエル民衆蜂起）は2003年12月の時点で終戦の気配はなかった。パレスチナ自治区ガザ地区郊外のテーマパークはインティファーダ勃発とともに営業停止に追い込まれたままで、経営者は「子供たちに夢と希望を」と、再建に向けた国際社会の支援を訴えた。ガザ地区唯一のこのテーマパークは1999年に開業した。地中海を望む風光明美な土地に、観覧車などを中心とした娯楽施設やレストラン、披露宴会場から成り、最盛期には1日数千人が訪れ、

---

[203] 1995/09/15 熊本日日新聞朝刊6頁「パレスチナ暫定自治宣言から2年＝遊園地、ベリーダンス…様変わりのガザ」

子供たちの笑顔と歓声であふれた。しかし、2009年9月、その付近にユダヤ人入植地ネツァリムがあり、一帯に近づくのは自殺行為といわれるほどの銃弾が飛び交う危険地帯と化した。経営者のハサン・ハマイダ氏は「このような事態になるとは予想していなかった」と述べた。それでも、多くの子供からまた遊びたいとの要望が寄せられている。同氏は「子供たちは笑顔が少なくなり、暴力的になっている。テーマパークには精神的な健康を取り戻す役割があるはず」と再建への希望を抱き続ける[204]。ここでもテーマパーク名が書かれていないため、名称不明である。

イスラエル軍との戦闘で遊具が破壊される

　2023年12月、イスラエル軍がガザ北部で従軍取材の東京読売新聞の記者を案内した。ガザ北部の海岸沿いの一帯は、2023年に戦闘が始まるまでは海の家やカフェが並び、若者に人気のスポットで、富裕層の別荘も立っていたが、見る影もない。2階建ての民家の壁には銃弾の痕が蜂の巣のように残り、黒焦げで、建物すべて崩れ、無傷の家は無い。イスラエル軍が記者らに見せたジャバリヤ郊外の集落にあった学校の校舎は、土台から崩れていた。礼拝の時間を知らせるモスク（イスラム教礼拝所）の尖塔は折れていた。テーマパークの遊具も破壊されていた。子供の姿はない。この集落にはイスラエル軍の歩兵や工兵、大砲部隊から成る部隊が展開している[205]。（パーク名不明。）

テーマパークが避難してきたパレスチナ人の非公式キャンプに

　2024年6月、ガザ地区最大のテーマパークは、イスラエル軍の攻撃から逃れるために避難してきたパレスチナ難民たちの非公式キャンプになっていると、アルジャジーラ（英語版）が報じた。それによるとテーマパーク名は「Asdaa Entertainment City（アスダー・エンターテイメント・シティ）」である。乗り物は電気が止まっている。パレスチナ難民たちは水、食糧、薬、電気を探すのに苦労している[206]。この報道は戦争被害に関するもので、テーマパークについての報道ではないので、これしか分からなかった。

---

[204] 2003/12/27 北海道新聞夕刊全道5頁「唯一の遊園地　再建支援訴え＊「子供らに夢と希望を」経営者＊パレスチナ・ガザ地区」
[205] 2023/12/09 東京読売新聞　夕刊9頁「ガザ従軍ルポ　海岸沿い集落　無残　学校も遊園地も破壊」
[206] 2024/06/19 AL JAZEERA「Video: This Gaza amusement park is filled with displaced

3. まとめ

本編では、パレスチナ自治区ガザ地区にあるテーマパークの経緯を考察し、次の点を明らかにした。

第1に、1995年にガザに新しいテーマパークができた（パーク名不明）。前年、占領していたイスラエル軍が撤退し、観光開発が始まった。国際支援を受けて児童公園ができたことが明らかになった。ガザ地区のような紛争地帯は国際支援を受けられる。

第2に、2つ目の記事では1999年にオープンしたテーマパークがガザ地区唯一のテーマパークと書かれている。パーク名が不明なので、同一なのか、別物なのか分からない。

第3に、ガザ地区のテーマパークでは、2023年の戦闘で遊具が破壊された。テーマパークは2024年のイスラエル軍の攻撃から避難してきたパレスチナ難民の非公式キャンプとなっている。そのため悲劇の象徴となっている。

前著（2023b）「ヨーロッパ編」でウクライナのチェルノブイリ原子力発電所の近くのプリピャチ遊園地について考察した。同園は1986年4月の開園直前に原発事故が起こり、被曝した。それが廃墟化し、悲劇の象徴となっている。原発周辺の放射性の値が下がって、チェルノブイリ原子力発電所周辺は一大観光地となっている。そして動画撮影に忙しい若者が世界中から観光に来ている。悲劇のテーマパークは落ち着けば観光資源となり、外国人観光客を誘致でき、地域活性化につながる。チェルノブイリでは悲劇性を観光資源とし、外国人観光客誘致に成功している。チェルノブイリの観光地化に関して、不謹慎だという批判もあるが、背に腹は変えられないので、ウクライナ政府は外国人観光客から外貨を獲得する方針である。

ここガザ地区のテーマパークには現在パレスチナ難民が住んでいるが、戦闘が落ち着いたら戦争の傷跡は観光資源となり、その地域に外貨をもたらすだろう。不謹慎であるが、他に外貨を獲得する手段を思いつかない。

Palestinians」2024年7月26日アクセス
https://www.aljazeera.com/program/newsfeed/2024/6/19/video-this-gaza-amusement-park-is-filled-with-displaced-palestinians

短編8　レバノンにイスラム武装組織ヒズボラの
　　　　対イスラエル戦争博物館

1. はじめに

　本編では、レバノンのイスラム武装組織ヒズボラの対イスラエル戦争の博物館の経緯を考察する。前編7「パレスチナ自治区ガザ地区の悲劇のテーマパーク」で紛争地帯にテーマパークがあることを知り、人間の持つ前向きなパワー、エンターテイメントを求めるエネルギーを感じ、他にも紛争地帯にテーマパークがないか探し、これを見つけた。

　このヒズボラの博物館はエンターテイメント性が付加されているので、テーマパーク的な要素があるとみなし、本書の対象とする。博物館は集客施設という点でテーマパークと類似の性格である。

レバノンの概要

　レバノン共和国（Lebanese Republic）は面積 10,452km^2（岐阜県程度）、人口約 529万人（2022 年推定 CIA The World Fact book）、首都ベイルート、民族アラブ人（95%）、アルメニア人（4%）（2022 年 CIA The World Fact book）、言語アラビア語（仏語及び英語が通用）、宗教キリスト教（マロン派、ギリシャ正教、ギリシャ・カトリック、ローマ・カトリック、アルメニア正教）、イスラム教（シーア派、スンニ派、ドルーズ派）等 18 宗派。

略歴　16 世紀にオスマン・トルコの支配下に入り、1920 年フランスの委託統治領となり、1943 年に独立。1975 年レバノン内戦開始、1978 年イスラエルのレバノン侵攻、1989 年ターイフ合意（国民和解憲章）成立、2000 年イスラエル軍が南レバノンから撤退、2005 年シリア軍レバノンから撤退、2006 年ヒズボラとイスラエル間の戦闘。

政治体制　共和制で元首は大統領（現在空席、閣僚評議会議長が代行）。議会は一院制（128 議席、キリスト教徒とイスラム教徒が同数。18 の宗派が存在し、各宗派に政治権力配分がなされ、バランスの確保に意が用いられている（大統領：マロン派、首相：スンニ派、国会議長：シーア派）。各宗教・宗派はそれぞれ一体ではなく、各宗教・宗派内に複数の党派がそれぞれの政治的立場や利害を巡り確執や同盟関係を複雑に展開。2005 年にハリーリ元首相が暗殺されて以降、国内ではイスラム教シーア派のヒズボラ

など親シリア・イラン派と、故ハリーリ元首相次男のサアド・ハリーリ氏を中心とする親サウジ・イスラム教スンニ派のグループなどの反シリア派が対立。

外交 シリアとは伝統的に密接な関係にある。長くシリアの強い影響下にあったが、国内外の圧力もあり、2008年にレバノン、シリア間の外交関係が正常化した。

中東和平 レバノン・シリア両トラックの一体性を強く主張し、公正かつ包括的な和平を求めている。中でもレバノンは、民族宗派間の人口バランスを崩すパレスチナ難民のレバノンへの帰化を拒否し、難民の帰還権を強硬に主張する立場をとるとともに、ヒズボラなど対イスラエル抵抗組織の活動を許容している。アラブ連盟の一員であり、アラブ諸国との外交に重点を置く。国防費18億ドル。

対イスラエル 1970年代にパレスチナ勢力がレバノンに流入して以降、レバノンは中東和平問題に巻き込まれ、1978年には南レバノンをイスラエルに占領された。2000年5月、イスラエルは南レバノンから撤退。2006年にヒズボラがイスラエル軍を襲撃したことから、イスラエルとヒズボラ間の戦争が勃発。

対シリア シリアは歴史的経緯からレバノンを特別の同胞国とみなし、1990年のレバノン内戦終結後も軍部隊を駐留させて親シリア政権を樹立し、実質的にレバノンを支配してきた。2005年2月にハリーリ元首相が暗殺されると、シリア排斥の政治運動が急速に盛り上がり、シリア軍は2005年4月にレバノンから撤退。2008年10月にレバノンとシリアは外交関係樹立を宣言する共同声明に調印し、通常の二国間関係に移行した。

対米 米はレバノン内戦中に多国籍軍へ派兵したが、1983年にはヒズボラによる自爆攻撃で海兵隊員241名が犠牲になり、その後、米軍は撤退した。米は2001年の同時多発テロ事件以降、対イスラエル抵抗運動を継続するヒズボラに厳しい目を向けており、同年11月には資産凍結対象テロ組織リストにヒズボラを掲載。

対仏 旧宗主国である仏とは政治、経済など全般的に緊密な関係にある。仏は内戦後のレバノン復興を目的としたハイレベルの国際会議をこれまで1992年以降複数回主催。2020年8月のベイルート大規模爆発に際しては国連と共催で「ベイルート及びレバノン国民に対する支援のための国際会議」開催。

主要産業 金融業、観光業、食品加工業等、GDP141億ドル、GDP成長率-6.5%、インフレ率120.0%、失業率29.6%（2022年世銀）である。輸出45.9億ドル、輸入138.57億ドル、主要輸出品は農産品、金、宝飾品、ダイヤモンド、銅屑、主要輸出先はUAE、

EU、スイス、カメルーン、カタールである。主要輸入品は精製石油製品、自動車、医薬品、宝飾品、主要輸入国はEU、トルコ、中国、米国、UAE（2021年WTO）である。

経済概況　内戦前の**首都ベイルートは「中東のパリ」**と呼ばれ、中東のビジネス・金融センターとして繁栄していたが、内戦でシステムが崩壊。1990年の内戦終了以後、経済復興が進められており、ベイルートの街並みなども再び整備されてきているが、2006年のイスラエルとヒズボラの武力衝突で国家全体に被害があった。2012年以降大幅に増えたシリアからなどの難民の受け入れ率（人口あたり）が世界一である。長年の財政赤字、貿易赤字（食料など含む物資の8割を輸入に依存）などに起因する未曾有の経済・財政危機に見舞われている。2020年3月にはユーロ債（12億ドル）の償還期限にデフォルトを決定。2020年ベイルート港大爆発事案による甚大な人的・物的被害が経済危機に追い討ちをかけた。国民の半分は貧困ライン以下の暮らしで、レバノンは高中所得国から低中所得（GNI約4000ドル以下）に27年ぶりに転落した（2022年世銀）。

経済協力　主要援助国はドイツ、米国、EU、英国、クウェート、フランス、カナダ、ノルウェー。日本の援助は有償資金協力130.22億円、無償資金協力91.34億円、技術資金協力19.40億円（2020年度末まで）である。

ヒズボラとは

1982年にイスラエルと敵対するイスラム教シーア派大国**イランの支援**で誕生したシーア派組織。アラビア語で「神の党」を意味する。レバノン南部を実効支配し、レバノン国会に議席を持つため、政界に大きな影響力を持つ。指導者はハッサン・ナスララ師である。米国などは「テロ組織」に指定している。反イスラエル、反米を掲げて武装闘争を続けている。2006年7～8月に、ヒズボラがイスラエル兵2人を拉致したことを機にイスラエル軍がレバノン南部に侵攻し、大規模な紛争に発展した。市民を含めレバノン人は約1200人、イスラエル人は約160人が死亡した。戦闘員4.5万人、保有するロケット弾15万発とされ、精密誘導ミサイルや対空、対艦ミサイルなども持つ。戦闘員は10万人超との見方もあり、6万人程度のレバノン正規軍を上回っている可能性も指摘される[207]。

---

[207] 2024/03/13 東京読売新聞　朝刊7頁「[Q]ヒズボラとは　イラン支援のシーア派組織」

2. 対イスラエル戦争博物館の経緯

ジハード・ツーリズム（聖戦観光）推進の拠点

　2010年5月、レバノンのヒズボラが長年敵対するイスラエルへの「抵抗運動」を記録する博物館をレバノン南部ムリータに完成させた。南部周辺を約20年間占領していたイスラエル軍の撤退10周年に合わせた。ヒズボラ運営のテレビ局アルマナル（電子版）は「ジハード・ツーリズム（聖戦観光）推進の拠点」と報じた。過去の戦闘で使用したロケット砲や迫撃砲、イスラエル軍から奪った戦車などのほか、ヒズボラを支援するイランの最高指導者ハメネイ師の写真も展示している。開園式典でヒズボラ指導者のナスララ師はビデオ回線で演説し、**「抵抗の歴史を保存**するのは我々の務め」と意義を強調した[208]。

　その「抵抗運動博物館」にはゲリラ戦の様子を体感できる250メートルの見学コースもある。洞穴を利用した地下基地も公開され、司令室にはイランの革命指導者故ホメイニ師の写真が飾ってある。イスラエル撤退後、レバノン南部はヒズボラによる支配が進み、<u>レバノン政府の力が及ばない</u>[209]。

レバノン南部の紛争地帯がリゾート地化

　2010年7月、イスラエルに隣接し何度も戦争の舞台となったレバノン南部で観光開発が始まった。国境地帯では環境に配慮したリゾート開発も進み、ヒズボラは「対イスラエル抵抗運動」をテーマに野外博物館を開いた。ただ、戦闘再発の懸念は消えない。首都ベイルートから車で2時間のところにある、イスラエルがシリアから占領したゴラン高原にも近い南部ワザニで、建設会社社長ハリル・アブドラ氏のリゾート建設計画が急ピッチで進んでいた。2010年夏にはコテージやレストランなどが完成し、ホテルや会議場も備えた巨大施設にする。石材や木材は現地産で輸送燃料を節約するなど環境保護が重要である。南部の観光開発は2006年のイスラエルとヒズボラによる戦闘終結後の平穏な情勢がもたらした。潜在的緊張は続くが、レバノン全体でも観光客が戻り、外国からの投資も活発化している。戦争が始まれば施設は危険にさらされるが、開業前か

---

[208] 2010/05/26 毎日新聞　朝刊7頁「レバノン：「抵抗の歴史」保存　ヒズボラが博物館」
[209] 2010/05/27 朝日新聞　朝刊9頁「レバノン南部「ヒズボラ国」イスラエル占領撤退10年　住民に病院・学校提供」

ら問い合わせが殺到した。一方、南部で強い影響力を誇るヒズボラが5月下旬、イスラエルによる事実上の占領からの「解放10年」を祝い、南部ムリータの小高い山の上にオープンした「抵抗運動博物館」はさながらヒズボラのテーマパークである。破壊されたイスラエル軍戦車をオブジェにした展示やゲリラ戦で使われた地下壕の見学コース、ロケット弾発射装置もある。ケーブルカーを設置し、レストランを開く構想もある。広報担当のムハンマド・シャエブ氏は「観光施設をつくったのはヒズボラの運動がレバノン国民全体のためであることを示すため」と述べた。ヒズボラはシリアからスカッドミサイルの供与を受けたと報じられるなど、軍備増強が指摘される。シャエブ氏は「展示してあるのは旧式兵器。最新式のものを入手しており、イスラエルの攻撃に備えている」と述べた[210]。

反イスラエルのレジスタンスの象徴として人気を博す

　2010年7月、ヒズボラが5月下旬にオープンさせた抵抗博物館が人気を博していた。7月上旬までの入館者は28万人となった。家族連れや海外の観光客も詰めかけ、週末には1日1万人を超えることもある。施設に込められた「反イスラエル」のメッセージをどう受け取るかは別として、多くの人が訪れるのは周辺の環境と一体化したユニークな展示方法にもある。入館料2000レバノンポンド（約**115円**）を払って入場してみた。中心展示の一つ「深淵」は、巨大な円形ホールにイスラエル軍から捕獲した戦車や銃砲が「アート」として展示され、説明板に「イスラエルの敗北を象徴するもの」とある。同館の広報担当、ラミ・ハサン氏によると、ムリータの町は2000年5月まで続いたイスラエルによるレバノン南部占領に対抗するヒズボラの第一防衛線で、山肌をくりぬいた形で当時使用された司令部や、ヒズボラが使用した様々な武器も展示に組み込まれている。司令部跡前は入場待ちの人だかりができていた。ハサン氏は「展示の一つ一つに象徴的な意味が込められている」と述べた。展示ホールにはイスラエル軍の体制を紹介したり、ヒズボラ最高指導者ハッサン・ナスララ師の写真が飾られた説明板が掲示されている。別の建物でヒズボラの活動をまとめた10分ほどの映画も上映された。ヒズボ

---

[210] 2010/07/16 信濃毎日新聞夕刊2頁「レバノン「最前線」で観光開発　リゾート建設・抵抗運動野外博物館…戦闘再発の懸念は消えず」

ラは自らの活動をイスラエルに対する「レジスタンス（抵抗運動）」と規定する。ハサン氏によると、2006年紛争後に「抵抗の歴史を保存しよう」という建設計画が具体化し、約2～3年で建設された。周辺地域も含め<u>抵抗観光ルート</u>を開発する計画もある。しかしこの目立つ「反イスラエル」展示が次の戦争で攻撃されかねないとの見方もある[211]。

予想以上の集客にテーマパーク拡張計画

　2010年8月、レバノン南部ムリータにヒズボラが開設した対イスラエル戦テーマパークが、来場者でにぎわっていた。独自に武装し、政界への影響力も保つヒズボラだが、各宗派が混在するレバノンではヒズボラを快く思わない勢力も少なくない。ヒズボラは展示場に1980年代からの戦闘で接収した兵器を並べて実力を誇示する。草の根の支持拡大を狙っているようだ。岩や石を敷き詰めて戦場を模したメイン展示場には、イスラエル軍が誇る高性能戦車「メルカバ」をはじめ、接収した大型兵器が並ぶ。広報担当のハサン氏は「予想を上回る来場者数」と述べた。5月末の開設以来、1日平均入場者は6000人超と、当初見込みの倍近い。ムリータの丘陵はイスラエル軍が1982年にレバノンに侵攻して以降、ヒズボラが前線基地を構えた要衝である。2000年にイスラエル軍が撤退するまで、激しい戦闘が続いた。2006年夏の戦闘でイスラエル軍の空爆を受けた。ハサン氏は「客の入りを考えて建設場所はベイルートに、との意見もあったが、聖戦の地ムリータこそがふさわしいとの結論に達した」と述べた。野戦を疑似体験できる遊歩道に入ると、木立の間にヒズボラの対空砲や、応急治療にあたる衛生兵の人形がある。トンネル内に司令官室があり、戦闘指揮の音声が聞こえる。丘のふもとを見渡す展望台も設けるなど、来場者を飽きさせない工夫が感じられる。地元記者は「ヒズボラはイスラエルに抵抗するためには自分たちの力が必要だと国民に訴えたくて、テーマパークをつくった」と解説する。ヒズボラは今後テーマパークを拡張する予定で、プールやホテル、近くの丘と結ぶロープウエーまで整備する。しかし、丘の上という軍事的要衝にあり、イスラエルを挑発する内容のこの施設は、仮に戦闘が再び始まったら、空爆さ

---

[211] 2010/07/22 毎日新聞　朝刊8頁「レバノン：ヒズボラの博物館が人気　反イスラエル展示、1月半で入館28万人」

れるのではないか。ハサン氏は「実際にイスラエル軍は将来の戦闘での標的と決めているようだ。でも、展示品は私たちが所蔵するうちの一部。また戦闘になれば、私たちの戦利品が増える」と述べた[212]。（注：この記事ではテーマパークと説明されている。）

ヒズボラ、宣伝に注力

　2023年12月、朝日新聞の記者がヒズボラの博物館に取材に行った。パレスチナ自治区ガザ地区での軍事衝突が続く中、ヒズボラは宣伝に力を入れており、国内には組織の歴史に関する博物館を設けている。ヒズボラ創設以来の歴史をパネルで説明する資料館で、ヒズボラが運営する高校で数学を教えていたという館長の男性ハムザ氏が、「日本人が来るのは初めて」と言う。壁面のパネルにイスラエル軍などに対する自爆攻撃で死亡した戦闘員だという若い男性たちが飾られている。館長は「殉教は名誉だ。我々の強さの秘密は奴隷にならないというイデオロギー」と述べた。館長の2人の息子も戦闘員で、「親でも息子がどこで戦っているのか知らない。秘密を守ることや規律正しさもヒズボラの重要な要素」と言う。屋外には、イスラエル軍などから奪った装甲車両やミサイルを発射する車両など69両が展示されている。館長は「これらは整備済みで、すぐにでも使える」と言う[213]。

3. まとめ

　本編では、レバノンにあるイスラム武装組織ヒズボラの対イスラエル戦争の博物館の経緯を考察し、次の点を明らかにした。

　第1に、2010年にレバノンのイスラム教シーア派武装組織ヒズボラが、イスラエルへの抵抗運動を記録する博物館をレバノン南部ムリータに完成させオープンした。ヒズボラ指導者のナスララ師は、博物館は抵抗の**歴史を保存**する役割という旨の発言をした。一般的に博物館の役割の一つは歴史と資料の保存である。加えて、**ジハード・ツーリズ**

---

[212] 2010/08/22 東京新聞朝刊 6頁「ヒズボラが『戦争公園』レバノンに開設　対イスラエル　戦利品展示し力誇示」
[213] 2023/12/25 朝日新聞　朝刊 4頁「自前の博物館、正当性誇示　ハマスと共闘、武装組織ヒズボラ」

ム（聖戦観光）推進の拠点となる。ジハード・ツーリズムとは初めて聞いたニューツーリズムである。

第2に、悲惨な戦争を世に知らせるための博物館や資料館は世界中にあるが、イスラム教のジハード（聖戦）に絞った博物館や資料館、テーマパークは、筆者が知る限りこれだけである。ヒズボラは宣伝に注力していることから、**戦意高揚**、つまり**プロパガンダ**の目的があるといえる。ただ、このようなテーマを掲げると、イスラエルと次の戦いが起きたら、攻撃対象にされる危険性がある。イスラエルにとっては目障りな存在だろう。

第3に、この博物館は「博物館」「資料館」「抵抗博物館」、一部「テーマパーク」と報じられており、名称が定かでない。おそらくアラビア語の名称があるが、筆者は読めない。同館の英語名は「Mleeta Resistance Touristic Landmark Lebanon」のようで、公式サイト（英語版）の「About Us[214]」には「我々は抵抗の遺産を残す使命を持つレバノンの団体である。データや遺品を収集、記録、保管する。我々の目的は後世にそれらを残し、広めること」とある。

第4に、この博物館は入場料約115円とお手頃価格で、人気を博し、拡張が発表された。入場料収入で稼ごうとしておらず、多くの人に入場してもらおうとしているのだろう。例えば、日本の広島平和記念資料館[215]の入場料は大人200円、高校生100円、中学生以下無料である。多くの人に原爆の悲惨さを知ってもらうことが目的で、入場料で稼ごうとしていないことが分かる。ヒズボラはイランの支援を受けている組織で、経済力があるから可能なのだろう。

本編の限界は、データアクセシビリティが低く、ここまでしか分からなかったことである。

前著（2023b）「中国編」で「抗日テーマパーク『八路軍文化園』」について考察した。八路軍文化園は2011年に開園した参加型の「抗日」戦争体験テーマパークである。1937年からの日中戦争に勝利した英雄と教育されている中国共産党の八路軍の拠点が

---

[214] Mleeta resistance Touristic landmark Lebanon「About Us」2024年7月30日アクセス
https://www.mleeta.com/newmleeta/english/aboutus.html
[215] 広島平和記念資料館「開館情報」2024年7月26日アクセス
https://hpmmuseum.jp/modules/info/index.php?action=PageView&page_id=2

あった山西省に立地する。中国人民解放軍の前身にあたる八路軍兵士に扮して、日本兵との戦闘シーンを演じる参加型テーマパークで、園内で日本兵役のスタッフが中国人に危害を加えるパフォーマンスが演じられ、入場者の憎悪をあおる。次に入場者は八路軍の軍服を着てモデルガンを手に走り回り、市街戦で敵兵と戦うという大人向けの戦争体験である。入場料は1人90元（約1250円）で、60元の追加料金でゲリラ戦も体験できる。武郷県当局が観光振興のため開設、運営に当たる。

　実際の戦争をテーマにしたテーマパークで、歴史資料保存と戦意高揚、プロパガンダを同時に行うテーマパークといえば、中国のこの抗日テーマパークである。これとヒズボラの博物館の違いは、中国ではテーマパークとして創設されたのに対し、ヒズボラの博物館は最初は博物館、資料館として計画されるも、エイターテイメント性が付加され、テーマパークのようになっていることである。

　最後に、ヒズボラはアメリカがテロ組織と認定しているので、筆者もテロ組織だと思っていたが、ヒズボラにとっては国防で、祖国を守るために戦っていることに気づいた。どの立場でものを見るかによって正反対になる。

終　章　無我夢中の経済開発と経済力の誇示

1. 本書のまとめと明らかになったこと

　本書では、中東のテーマパーク産業を経営学的、かつ経済開発論的、労働経済学的、地政学的に論じた。本書は三部構成で、序章で世界ランキングと世界動向、第Ⅰ部でドバイ、第Ⅱ部でアブダビ、第Ⅲ部で他の中東諸国の観光開発とテーマパーク開発を考察し、全体の傾向として次の点を指摘できる。

　第1に、中東全体として、無我夢中の経済開発が推進されている。石油依存からの脱却のための観光開発のはずが、経済力の誇示という要素が強くなっているように感じられる。いつの間にか諸外国に対し、見栄を張るようになっているのではないか。2003年頃からドバイが観光立国として成功し、世界で存在感を増し、他の中東諸国がドバイを模倣して観光立国を目指すようになった。特にアブダビ、サウジ、カタールはドバイを強烈にライバル視して観光開発と外国人誘致に励んでいるようだ。

　第2に、日本のテーマパークの開発ラッシュはバブル期（1987〜1991年）に集中し、単独で開発されることが多かったが、中東では大規模な観光開発、都市開発の一施設としてテーマパークが併設されることが多い。単独施設は少ない。

　第3に、どの国も国王や皇太子が主導して**国家の威信**をかけた巨大プロジェクトを推進している。旧日本軍の「皇国の興廃この一戦に在り。各員一層奮励努力せよ」の精神である。どのプロジェクトも成功させなければ国家の財政が傾くような巨費を投じている。特にサウジとカタールの一プロジェクトの費用は莫大である。「王国の興廃この一プロジェクトにあり。各員一層奮励努力せよ」である。しかし大日本帝国時代の日本人と違って、現在のサウジアラビア人は勤労意欲が低いようである。

　第4に、**建設至上主義**と言える。建物が完成してオープンしてから質の高い運営とホスピタリティなどは伴っていないようだ。

　第5に、ヨーロッパ憧れが強いようだ。特に**西欧憧れ**が強いらしく、英仏伊西など西欧の主要国に寄っている。西欧諸国にとっては、オイルマネー、ガスマネーを獲得する絶好のチャンスである。ルーブル美術館やプロサッカーチームが続々と契約を結んだ。

第6に、国王による**絶対君主国家**や大統領が強権を発動している独裁国家では、比較的治安が良い傾向にあり、観光立国になっている。

　第7に、どの国も**急速**に経済成長しようとしているようだ。天才投資家ウォーレン・バフェットとAmazon創業者ジェフ・ベソスとの会話で、ベソスは「なぜあなたの投資手法を真似する人がいないのか」と聞いたところ、バフェットは「ゆっくり金持ちになりたい人はいないから」と答えたという。これがバフェットの名言の一つである。みんな急速に投資して、急速に成功し、急速に金持ちになりたい。資源国はオイルマネーを一気に投資して、早急に開発し、先進国に押し上げようとしていると推察される。

2. 中東のテーマパーク産業の現状と課題

ドバイはロールモデルがいない中で新規開拓

　中東の急速な観光開発はドバイに端を発している。ドバイにはロールモデルがいない。他の国はドバイの開発モデルを採用している。ドバイは新規開拓をモノにした。度胸と行動力と勝負強さがある。ロールモデルがいない中、新規開拓をモノにするのは並大抵のことではない。ドバイの観光開発を主導した人は強引で気が強く豪快と思われる。アクセルをガンガン踏んで進めるタイプだと思う。ドーパミンとアドレナリンの分泌量が多いと思われる。

　それに対して、ドバイに追随したアブダビ、サウジ、カタールは、ドバイというモデルがあり、それを参考にできる。最初に開発に踏み切ったドバイは**先行者利得**（ファースト・ムーバー・アドバンテッジ）を得られる。

　どのようなことでも最初にそれを実行する人は批判される。さらに、先行者は巨額の研究開発費や宣伝費、営業費がかかるが、後発であればそれらはかからない。日本では開拓者精神の強いソニーが新規開拓し、松下電器（現パナソニック）が模倣するため、松下電器は「マネシタ（真似した）電器」と呼ばれてきた。これを「二番手商法」という。どの戦略であれ、簡単に成功することはない。

サッカー風に言うと「派手なプレイスタイルの点取り屋」

　本書を書くにあたり、最初にサウジのアルワリード王子を研究した。その時、同王子はサッカーで言うところの「派手なプレイスタイルの点取り屋」と思った。その後、ド

バイ、アブダビ、サウジ、カタールも、派手なプレイスタイルの点取り屋で、それを目指して目立つ開発を続けていると感じる。その理由の一つは、目立つことによる**広報**効果で知名度を上げることである。戦略的に派手にしているのではないか。ただし、このプレイスタイルだと、目立ちすぎてバッシングされやすいので、実力が伴う必要がある。誰にでもとれるプレイスタイルではない。

ドバイ版バブル案件

　前著（2022a）「日本編」で日本のバブル期に計画されたテーマパークを「バブル案件」と定義した。日本のバブル案件とは、日本のバブル期（1987〜1991年）に「**第2の東京ディズニーランド（TDL）**」を目指して企画されたテーマパークである。第2のTDLとは「TDLの成功を見てテーマパークという新事業の収益性を見込んで参入したテーマパーク」と定義する。TDLは1983年に開業し、瞬く間に成功し、大きく報道され、テーマパークという新事業の収益性が注目された。「第2のTDL」を目指す企画はバブル期（1987〜1991年）に集中した。この頃日本では1987年にリゾート法施行され、ここから観光開発（スキー場、ゴルフ場、温泉、リゾート、テーマパーク等）が盛んになった。日本のバブル案件では、集客力以上に大規模かつ豪華につくり、経費過剰の傾向にあった。日本のバブル案件にとって、テーマパーク事業のビジネスモデルはTDLしか無く、初期投資額が大きいため年間入場者数と客単価を大きく設定してしまう。開業してみると、その入場者数と客単価を大きく下回るケースが大半だった。さらに全国から集客する計画を立てるが、中小規模のテーマパークは地域住民を地道に集客することが重要である。東京ディズニーリゾート（TDR）ですら、客の約6〜7割が関東から、約3〜4割が関東以外から、約3〜9％が外国人である。中小規模のテーマパークは、地域住民と外国人観光客の誘客に励む方が現実的である。ホテルを併設するテーマパークにとって、遠方、特に大都市圏からの宿泊客は高単価なので、是非とも集客したい客層である。

　中東でも同様である。ドバイでバブル景気に乗って企画されたテーマパークを「ドバイ版バブル案件」と本書で定義する。ドバイ版バブル案件とは、日米のディズニーランドやユニバーサル・スタジオの成功を見て企画されたテーマパークと本書で定義する。アブダビも同様で、アブダビのバブル景気に乗って企画されたテーマパークを「**アブダ**

ビ版バブル案件」と本書で定義する。サウジも同様で、サウジのバブル景気に乗って企画されたテーマパークを「**サウジ版バブル案件**」と本書で定義する。

　これら中東湾岸の産油国は、2001年の米国同時多発テロ以降の原油価格高騰で巨万の富を得て、それを資金源としたので、バブル景気と判断した。

世界の「商業施設のコモディティ化」

　大規模な商業施設が世界各国の観光開発、都市開発において盛んに開発されている。その中に入るテナントがどれも似通っている、と筆者はフィールドワーク（実際は旅行）を通して気づいた。飲食店、小売店、小規模な博物館、水族館、展望台、小規模なテーマパーク、ホテルなどが入っている。同じ**チェーン店**が多い。この現象を前著（2023a）「中国版」で「商業施設のコモディティ化」と定義した。中東の産油国でも同様の傾向にある。

　コモディティ化とは、従来**製造業**で起こる問題だった。どのメーカーの商品も似てしまい、特徴が薄れ、消費者にとって買いやすさ（流通チャネル）と価格で選ぶことになる。それで価格競争に陥り、売上と利益率が下がる。これは観光開発、都市開発でも起こっている。商業施設が似て、特徴が無くなっている。

　中東の観光開発、都市開発は、ドバイを真似ており、似ている。派手で豪華絢爛な建物をつくり、そこに世界的に有名な企業をテナントとして誘致し、ホテル、ショッピング街、レストラン街、博物館、動物園、テーマパークなどを併設する。

ドバイ・アブダビは経済が資本主義でも政治は絶対君主制

　中東の経済は資本主義で市場原理、競争原理が働く。しかし政治は絶対君主制でトップダウン、なおかつ情報公開しない秘密主義のようである。資金はオイルマネー・ガスマネーで、政府100％出資という国営企業や政府系企業が多い。資本主義経済なのに資本の提供者が100％国家である。アメリカ型の資本主義ではない。中東湾岸諸国は自国民だけでは小規模なため、ドバイやカタールは外国人比率9割程度で、しかも富裕層の外国人を誘致し、建設作業員と家政婦は途上国の人を雇い、人件費を削減するというビジネスモデルである。

ここが日本のバブル期の観光開発ブームと異なる。日本は人口1億人を超え、かつて1億層中流社会で、日本人の客だけで黒字を出せる構造だった。開発段階で日本国民を誘客しようと考え、外国人観光客を誘致しようという考えは、少なくともバブル期までは無かった。

欧米の大手コンサルに依頼し巨額費用

　サウジの巨額プロジェクトは欧米の大手コンサルタントに巨額の費用を投じて推進していることが明らかになった。これらの企業にオイルマネーが注入され、高い利益を得ているのではないか。インド人などの外国人労働者を低賃金で働かせる一方で、これら欧米企業のエリートに破格の給与賞与を提供しているのではないか。テーマパーク研究を始めて20年、この問題は初めて見た。

女性差別問題とその改善

　今回初めて中東の研究をして、女性差別問題が出てきた。筆者はディズニーランドやユニバーサル・スタジオを中心に日米欧の研究をしてきたため、女性差別問題は無かった。日米欧でも大企業の経営陣や管理職は男性が多いが、それでも深刻な女性差別を感じたことはない。しかし本書を書くに当たって、女性差別を感じた。

　最初の女性差別は、2000年にサウジが観光ビザを発給する際、女性観光客は40歳以上でなければ単身では入国できず、40歳未満の女性は両親または配偶者の同伴が義務付けられたことである。この時、男性は年齢に関係なく、単身でも妻や子供同伴でも良いとされた。

　また女性差別とは違うが、超保守的なサウジが2019年に未婚の外国人カップルがホテルの同じ部屋に泊まることを許可した。サウジではホテルに宿泊するカップルは婚姻関係にあることを証明しなければならなかった。

　サウジは2022年に約140兆円を投じ、サウジを大衆向けの観光地に転換するため、公共の場で親族でない男女が同席することを禁じるなどの規制を緩和した。しかし女性の服装はビーチでさえ制限されている。男性の服装は規制されていないため、男女差がある。

LGBTQ 差別が欧州から批判

　テーマパーク研究 20 年にして、初めて LGBTQ 差別問題が出てきた。同書のシリーズ「アメリカ編」（2024a）「ヨーロッパ編」（2023b）では LGBTQ 差別問題はまったくなかった。

　2022 年、カタール W 杯に際して欧州のメディアは LGBTQ に対する差別的対応でカタールを批判した。性的少数者への批判は聖典コーランに同性愛を戒める文言があるからである。性的少数者に厳しいのは、ペルシャ湾岸 6 ヶ国にほぼ共通する。この件はカタール W 杯で表面化したが、これはきっかけに過ぎない。世界的に性的マイノリティを寛容に受け入れる流れになっている。キリスト教のカトリックでも同性愛は禁止されているが、欧米のカトリックの国では同性愛はじめ性的マイノリティを許容する動きになっている。今後、中東諸国が観光立国を目指すなら、性的マイノリティへの差別的対応があったら批判につながるだろう。

外国人労働者の劣悪な労働環境と搾取

　テーマパーク研究 20 年で、中東の産油国を研究して、初めて外国人労働者の奴隷働きが問題になった。これまで日本、アメリカ、ヨーロッパ、中国、韓国、東南アジア諸国と研究してきて、建設作業員がほぼ全員外国人の出稼ぎ労働者で、気温 40 度、50 度を超える中、低賃金で過酷な労働を強いられているケースは無かった。筆者が知らないだけかも知れないが、今のところそのような報道は無い。

　灼熱の砂漠の国で巨大建造物を建築する作業員が奴隷労働させられているというと、**古代エジプト**王朝のクフ王の**ピラミッド**を建設させられた奴隷たちと重なる。クフ王は紀元前 2000 年代の王様である。そこから 4000 年以上の時を経て 2000 年代にこのような奴隷労働があっていいのか。外国人労働者の待遇が改善されることを祈る。

キッザニア急増

　キッザニアが世界中で急増している。キッザニアはマレーシアやフィリピンなど**新興国の大都市に総事業費 22 億円**ほどで新設できる（2010 年前半の物価で）と前著（2022b）「アジア編」で分かった。テーマパーク業界では初期投資額 22 億円は極めて安価である。**先進国では不可能な価格**である。例えば、ディズニーランドなら総事業費 2000 億

円でも小型である。TDLの総事業費は日本の1983年頃の物価で1800億円、香港ディズニーは香港の2005年頃の物価で約3800億円、上海ディズニーは上海の2016年頃の物価で約5800億円である（中島, 2014）。キッザニアは総事業費22億円程度で新興国の商業施設にテナントとして入るので、低コスト・低リスクである。不動産取得や土地の造成、設計、建築などのノウハウがなくてもできる。22億円なら支払い能力のある事業者は多い。そのため、これからキッザニアが乱立するだろう。同じ国に複数のキッザニアが可能である。日本では東京、甲子園（兵庫）、福岡、名古屋にある。ただしキッザニアの価格は、先進国の半額でも新興国の中間層には高額である。開業後、新興国で**先進国に近い価格設定**なので、富裕層と上位中間層しか狙えず、市場が小さい。そのため開業後の集客は難しい。

　キッザニアを導入するよう営業する際、「日本の東京で成功している」と説明できる利点がある。キッザニアがメキシコで成功していると言って営業するより、東京で成功していると言った方が、新興国のビジネスマンの心を動かせるだろう。キッザニアはメキシコで成功し、東京で2号店が成功した。TDRもUSJもアメリカで成功し、日本人が日本で磨き上げ、アジアに輸出したビジネスモデルである。もっと広く、セブンイレブンなど**アメリカで成功したビジネスモデルを日本に導入して日本人が磨き上げ、アジアに輸出**するケースがある。キッザニアもその一ケースとなった。

　また、キッザニアは商業施設に一テナントとして入り、初期投資額が少ないことから、導入しやすいレジャー施設なので、その**地域の経済成長のバロメーター**と筆者は考えている。中東では、クウェートの首都クウェート、カタールの首都ドーハ、サウジのジェッダでキッザニアが開業している。ささらにウジアの首都リヤドでキッザニアが計画されている[216]。これらはすべて急成長している都市である。

非資源国は資金力に乏しく海賊版か

　ヨルダンにキッザニア（Kidzania）ならぬキディゾアニア（Kidizonia）があり、ピカチュウに酷似した着ぐるみの写真が公式Facebookのトップページに載っている。中東の裕福な資源国は正規の契約ができるが、資源に乏しい国は先進国と契約する資金力

---

[216] KidZania, KidZania Locations, 2024年7月1日アクセス https://kidzania.com/en

はないのだろう。そのため中東のレジャー開発は先進国のヒット作の類似品や海賊版を無許可でつくる中国のような戦法を取るのかもしれない。前著（2023a）「中国編」で、北京郊外にディズニーランドやドラえもんなどを模倣したパクリテーマパーク「石景山遊楽園」について研究した。その際、「中国人はパクリを悪いことだと思っていない。先進国の製品やキャラクターは高額すぎて買えない、正規ルートでロイヤルティを払うと先進国が得をするだけ」などの理由から無許可で模倣すると分かった。中東で資金力の乏しい国は、正規ルートで先進国と契約する資金力はないので、中国のように模倣が横行するようになるかも知れない。

低予算で用地を獲得する時の3類型

　テーマパーク向けの広い用地を低予算で確保する方法として次の3類型がある。それは、(1)筑波大学型、(2)中央大学型、(3)両大学複合型、と前書（2022a）「日本編」で定義した。業界でこう呼ばれているのではなく、筆者の定義である。

　筑波大学の前身は東京教育大学である。筑波大学は1973年に茨城県つくば市に移設された。つくばエクスプレス開通前まで非常に不便な立地にあった。東京などからバスで行くと、郊外に突然新築のビル群が出現した。広い敷地を確保するために郊外に立地する。

　中央大学は東京都文京区後楽園という東京ドームの近くに立地したが、ドーナツ化現象で多摩キャンパス（東京都八王子市）にメインキャンパスを移した。ここは傾斜地である。山の自然な斜面を活かしていると言えるが、歩くには勾配が辛い。郊外かつ傾斜地を活かしたテーマパークを両大学（筑波大学型と中央大学）複合型と定義する。

　3類型とも地価がお手頃価格である。例えば、香港の「香港海洋公園」は郊外に突然出現する。しかも急な傾斜地にスキー場のようなリフトやゴンドラ、エスカレーターなどを配備して工夫している。対して、香港ディズニーランドは香港政府の重点政策なので、香港中心部と香港国際空港の間の地下鉄の駅前という好立地である。

　本書に出てくる観光施設は非常にいい立地にある。国王や皇太子が主導したプロジェクトなので、民間企業一社のプロジェクトでは絶対に不可能な立地にある。さらに、何も無い土地にすべて新設するから可能となる。20年間テーマパークを研究してきて、これほどいい立地に観光施設が集積しているのを初めて見た。例えば、フェラーリ・ワ

ールド・アブダビはアブダビ国際空港から車で11分程度、道のりで7キロ程度である。ヤス島というリゾート島にフェラーリ・ワールド、F1サーキット、ウォーターパーク、ホテル、大型商業施設等を併設させた。成田空港から東京都心までの距離と比べて、どれだけいい立地か分かる。

表1：低予算で用地を獲得する時の3類型

	低予算の用地	特徴
1	筑波大学型	郊外に突然新築ビル群が出現
2	中央大学型	傾斜地の斜面を有効活用
3	両大学複合型	郊外かつ傾斜地を有効活用

出典：中島（2022a）『テーマパーク産業論改訂版　日本編』166頁

テーマパークは存在自体が「平和の象徴」

　前著（2023b）「ヨーロッパ編」で、テーマパークは裕福なエリアに集中して計画されていることが分かったため、「テーマパークは富の象徴」と結論づけた。今回、中東の研究をして、戦争がなく、平和な世界だからこそテーマパークが建設されることに気づいたため、「テーマパークは平和の象徴」と結論づける。例外として、パレスチナ自治区ガザ地区にも小型のテーマパークが作られたことが分った。レバノンのイスラム武装組織ヒズボラが、激戦地だったところに果敢にも対イスラエル戦争をテーマにした博物館を作ったことも分かった。紛争の中、力強く生きるたくましさに感動した。

豊富な地下資源を擁する運の良さは実力のうちか

　テーマパークの研究をしてきて、生まれた国の運をこれほど感じたことはなかった。今流行りの日本でいうと「国ガチャ」である。サウジやカタール、UAEの国民は非常に運が良い。それに対して、インド、ネパール、スリランカ、フィリピンなど途上国の貧困層は出稼ぎに行き、借金を背負わされ、低賃金で過酷な労働に従事させられ、死亡する者もいる。

　祖父や父が国王や王子という人は「親ガチャ」大当たりである。筆者の人生で縁の無い世界である。王族ならではの悩みや苦労もあるのだろう。巨大な特権を持たない王族

もいると分かった。それでも長野県の地方公務員の娘（筆者）と違って、圧倒的に有利な立場で人生をスタートできるだろう。

前著（2024）「アメリカ編」では、アメリカのテーマパークの経営者たちは、貧しい家に生まれ、裸一貫からのし上がった人たちが活躍し、富を得た。同じテーマパークの研究をしているというのに、世界観が違いすぎて驚く。

3. 本書の貢献と限界、今後の研究課題

本書の貢献

本書の貢献は、日本で初めて中東のテーマパーク産業を経営学的に研究し、全体像を明らかにしたことである。まだまだ荒削りであるが、初めての研究としては、主要国であるドバイ、アブダビ、サウジのテーマパーク開発の経緯を明らかにすることができた。

本書の限界

本書の限界は、インタビュー調査に応じてもらえず、データアクセシビリティが低いことである。二次資料、特に経済新聞を頼りに情報収集するしかない。また筆者ができる言語は日本語と英語、少々のドイツ語で、アラビア語はできない。主として日本語、一部英語での報道を頼りに情報収集するしかない。

今後の研究課題

今後の研究課題は、本書執筆までに気づいていないテーマパークの存在を知り、その研究を進めることである。筆者は一パークに詳しいことよりも、多くのテーマパークに詳しく、業界全体を網羅することを優先している。ただし公表データが最も多く、元従業員の書籍が多い日米のディズニーについて詳細な研究を進めたい。日米ディズニーを詳細に研究することで、業界全体を代表しているという立場をとることもある。

筆者の研究は、テーマパーク業界を初めて経営学的に研究し、全体像を明らかにする挑戦である。できるだけ事例研究を増やし、**多くの事例が集まったら帰納**したい。筆者は後に**帰納法**で解明するための途中段階にいる。

テーマパーク業界は世界的に急成長している。日米のように成熟した市場でも常時追加投資して新しくなる。新興国には大量のテーマパーク計画があり、実際に新設される

テーマパークも多い。今後はエンターテイメント性の高い博物館、美術館、水族館、動物園などの集客施設も対象に広げたい。

　テーマパーク業界関係者から相談や依頼を受けたら、研究者として協力し一緒にテーマパーク業界を盛り上げたい。守秘義務が多くて発表できないが、貴重な経験ができる。

中東和平への願い

　ドバイの急速な発展に驚いた筆者はドバイを中心に「中東編」を書こうと思い、構想を練ってきた。本書を書きながら、平和で戦争の無い日本のありがたみに気づいた。戦争を経験していないだけで私の人生は運が良いことに気付いた。私は就職氷河期世代なので不運な世代だと思っていた。しかし私で「運が悪い人生」などと思っていたら、パレスチナ難民に怒られると気づいた。イスラエルとの戦いで戦死したヒズボラの青年に申し訳ないと思うようになった。

　本書を書きながら、中東内格差の大きさにショックを受けた。資源大国は裕福なので平和を維持できるが、非資源国は貧しいく、テロが相次ぐ理由が分かる。

　バンクシーのコンセプトホテルから、バンクシーが中東和系を願っていることは間違いない。中東和平を芸術作品で表現し、外国人観光客を誘致して地域活性化に繋げるバンクシーの才能に恐れ慄いた。私も微力ながら日本で、中東和平の実現を心から願う。

＜参考文献＞

・Riz Khan, 2005, "Alwaleed: Businessman, Billionaire, Prince by Riz Khan", Harper Collins Publishers, Inc.（塩野未佳訳（2007）『アラビアのバフェット"世界第5位の富豪"アルワリード王子の投資手法』パンローリング）

・中島　恵（2022a）『テーマパーク産業論 改訂版 日本編』三恵社
・中島　恵（2022b）『テーマパーク産業論 改訂版 アジア編』三恵社
・中島　恵（2023a）『テーマパーク産業論 改訂版 ヨーロッパ編』三恵社
・中島　恵（2024）『テーマパーク産業論 改訂版 アメリカ編』三恵社

著者紹介

中島　恵（なかじま　めぐみ）

明治大学　経営学部　兼任講師
学位：修士（経営学）（明治大学）
専門：経営学、観光事業論、レジャー産業論、テーマパーク経営論
出身：長野県

大学院生だった2004年に東京ディズニーリゾートのアルバイトの人材育成とモティベーション向上策を研究し始め、その後テーマパーク全般を研究するようになる。

<略歴>
明治大学大学院　経営学研究科　博士前期課程　経営学専攻　修了
明治大学大学院　経営学研究科　博士後期課程　経営学専攻　単位取得満期退学
明治大学経営学部専任助手、星稜女子短期大学（現・金沢星稜大学短期大学部）経営実務科専任講師、大阪観光大学観光学部専任講師、東京経営短期大学総合経営学科専門講師を経て2021から現職

<単著>
(1)『テーマパーク産業論』(2011)、(2)『テーマパーク産業の形成と発展－企業のテーマパーク事業多角化の経営学的研究』(2012)、(3)『テーマパークの施設経営』(2013a)、(4)『テーマパーク経営論～映画会社の多角化編～』(2013b)、(5)『東京ディズニーリゾートの経営戦略』(2013c)、(6)『ディズニーランドの国際展開戦略』(2014a)、(7)『ユニバーサル・スタジオの国際展開戦略』(2014b)、(8)『観光ビジネス』(2016)、(9)『ディズニーの労働問題～「夢と魔法の王国」の光と影～』(2017a)、(10)『なぜ日本だけディズニーランドとUSJが「大」成功したのか？』(2017b)、(11)『テーマパーク事業と地域振興』(2021a)、(12)『テーマパーク事業論～プロデューサーの仕事内容～』(2021b)、(13)『テーマパーク産業論 改訂版 日本編』(2022a)、(14)『テーマパーク産業論 改訂版 アジア編』(2022b)、(15)『テーマパーク産業論 改訂版 中国編』(2023a)、(16)『テーマパーク産業論 改訂版 ヨーロッパ編』(2023b)、全て三恵社から出版。

テーマパーク産業論改訂版　ドバイ・中東編

2024年9月25日　初版発行

著　者　　中島　恵
　　　　　Nakajima, Megumi

発行所　　株式会社　三恵社
〒462-0056 愛知県名古屋市北区中丸町2-24-1
TEL 052 (915) 5211
FAX 052 (915) 5019
URL http://www.sankeisha.com

乱丁・落丁の場合はお取替えいたします。　　©2024 Megumi Nakajima
ISBN978-4-8244-0004-8